Walther Ziegler

# Platon
## in 60 Minuten

Dank an Rudolf Aichner für seine unermüdliche und kritische Redigierung,
Silke Ruthenberg für die feine Grafik, Angela Schumitz, Lydia Pointvogl, Eva Amberger,
Christiane Hüttner, Dr. Martin Engler für das Lektorat
und Dank an Prof. Guntram Knapp, der mich für die Philosophie begeistert hat.

Wenn nicht [...] entweder die Philosophen Könige werden [...] oder die jetzt so genannten Könige und Gewalthaber wahrhaft und gründlich philosophieren [...] gibt es keine Erholung von dem Übel [...].[1]

Bibliografische Information der Deutschen Nationalbibliothek:
Die Deutsche Nationalbibliothek verzeichnet diese Publikation in der Deutschen
Nationalbibliografie; detaillierte bibliografische Daten sind im Internet über www.dnb.de
abrufbar.


© 2015 Dr. Walther Ziegler
2. Aulage Juli 2015
Umschlaggestaltung und Grafik des gesamten Buches: Silke Ruthenberg
unter Verwendung von Illustrationen von:
Raphael Bräsecke, Creactive – Atelier für Werbung, Comic & Illustration (Zeichnungen)
© JackF - Fotolia.com (Bilderrahmen)
© Valerie Potapova - Fotolia.com (Bilderrahmen)
© Svetlana Gryankina - Fotolia.com (Sprechblasen)
Herstellung und Verlag:
BoD – Books on Demand, Norderstedt

ISBN 978-3-7347-8158-2

# Inhalt

# Platons große Entdeckung

Platons (428–348 v. Chr.) große Entdeckung war ebenso bahnbrechend wie folgenreich. Mit seiner „Ideenlehre" prägte er die gesamte abendländische Kultur. Sein Name ist auf der ganzen Welt bekannt. Dabei entdeckte Platon im Grunde etwas ganz Einfaches. Es ging ihm lediglich darum, einen verlässlichen Maßstab für Wahrheit zu finden, einen letzten unhintergehbaren Orientierungspunkt für unser Leben. Immer und immer wieder stellte er die Frage: Was ist richtig und was ist falsch? Wie kann ich Wahrheit von Unwahrheit unterscheiden?

Bereits zu Lebzeiten Platons, also gut vierhundert Jahre vor Christus, stritten Philosophen und Bürger auf den Marktplätzen der griechischen Städte um die Wahrheit. Jeder behauptete etwas anderes und bezichtigte seine Gesprächspartner der Naivität. Die ständigen Meinungsverschiedenheiten erschienen den Streithähnen aber ganz natürlich zu sein. Denn die damals tonangebenden Philosophen, die sogenannten Sophisten, allen voran Protagoras, behaupteten, der Mensch sei das Maß aller Dinge. Deshalb hätten fünf verschiedene Menschen logischerweise auch fünf verschiedene Vorstellungen von der Wahrheit. Schließlich habe jedes Individuum seinen eigenen Maßstab und ziehe deshalb auch seine eigenen Schlüsse. Eine verbindliche Wahrheit für alle könne es daher prinzipiell nicht geben.

Genau darum aber ging es Platon. Er suchte eine allgemeingültige und absolute Wahrheit. Ohne eine solche Wahrheit, so entgegnete er den Sophisten, komme es zwangsläufig zu einem moralischen Verfall. Jeder würde sich nach eigenem Ermessen verhalten, so wie es ihm gerade passt. Platon wollte einen unhintergehbaren Punkt, von dem aus man jede Theorie, jeden Gedanken und jede Handlung überprüfen kann. Ihn interessierte nur eines: Was ist wirklich wahr und wie kann man ein wahrhaftes Leben führen?

Er stellte damit als erster die Kernfrage der Philosophie. Die griechische Wortkombination „philo" und „sophia" bedeutet nämlich nichts anderes als Liebe zur Weisheit oder frei übersetzt: Wahrheitsliebe. Natürlich ist die Suche nach einer letzten Wahrheit eine ungeheure Herausforderung. Es verwundert daher nicht, dass Platon in seiner Jugend zu keinem endgültigen Ergebnis kam. Er beschloss aber, die Frage so lange weiter zu stellen, bis er eine Antwort finden würde. Hierzu entwickelte er eine eigene Methode, das sogenannte Streitgespräch beziehungsweise den Dialog. Er schrieb sechsunddreißig seiner einundvierzig Bücher in diesem neuartigen Frage- und Antwort-Stil. Dabei unterhält sich Platons Lieblingsphilosoph Sokrates mit mehreren Personen über ein philosophisch relevantes Thema.

Anfangs haben alle verschiedene, oft sogar gegensätzliche Meinungen. Jeder Gesprächsteilnehmer muss nun so lange die bohrenden Fragen des Philosophen Sokrates beantworten, bis er seine These entweder begründen kann oder zugeben muss, dass er sich geirrt hat. Platon konnte mit Hilfe dieser brillant geschriebenen Streitgespräche die widersprüchlichen Meinungen seiner Zeitgenossen kritisieren, ohne sich selbst auf eine Wahrheit festlegen zu müssen. Er gibt in den frühen Dialogen sogar ehrlich zu, dass er noch nicht weiß, worin eine solche endgültige Wahrheit bestehen könnte.

So lässt Platon seinen Hauptredner Sokrates den berühmten und viel zitierten Satz sagen: Ich weiß, dass ich nichts weiß. Wortwörtlich sagt er:

[...] dass ich, was ich nicht weiß, auch nicht glaube zu wissen. [2]

Platons frühe Dialoge haben immer ein offenes Ende. Es genügte ihm aufzuzeigen, dass die anderen Philosophen, insbesondere die Sophisten, sich in Widersprüche verwickeln. So behauptete beispielsweise der sophistische Rhetoriklehrer Gorgias im gleichnamigen Dialog, dass die Rhetorik eine edle und hohe Kunst sei. Doch Sokrates zwingt ihn mit seinen Fragen, nach und nach zuzugeben, dass die Rhetorik als Überredungskunst ebenso gut für eine gerechte Sache wie für eine ungerechte eingesetzt werden kann. Am Ende muss Gorgias zugeben, dass es sich bei der Rhetorik weniger um eine Kunst als um eine Fertigkeit handelt, von der man guten oder schlechten Gebrauch machen kann.

Im Dialog ‚Laches' geht es um die Tapferkeit. Sokrates genügt es nicht, dass seine Gesprächspartner auf die Frage nach dem Wesen der Tapferkeit immer nur Beispiele von verschieden tapferen Männern vorbringen und deren Fechtkunst, Ausdauer, Furchtlosigkeit und Mut befürworten. So wäre Tapferkeit ja jedes Mal etwas anderes, je nachdem, welcher tapfere Mann gerade betrachtet wird. Am Ende müssen alle Gesprächsteilnehmer Sokrates eingestehen, dass ihnen ein präziser Maßstab fehlt, mit dem sie beurteilen könnten, was Tapferkeit eigentlich ist.

Auf diese Weise lässt Platon seine Hauptfigur Sokrates in den Dialogen das Gespräch jedes Mal in die gewünschte Richtung lenken. Sokrates ist übrigens keine von Platon erfundene literarische Gestalt, sondern hat wirklich gelebt. Lange Zeit war er sogar Platons wichtigster Lehrer. Da Sokrates seine Schüler nur mündlich unterrichtete und kein einziges Buch geschrieben hat, konnte Platon später seinem Lehrer sehr leicht all das in den Mund legen, was er selbst für richtig hielt. Für die Forschung ist es bis heute äußerst schwierig, wenn nicht sogar unmöglich, die ursprünglichen Gedanken des Sokrates von denen Platons zu unterscheiden, da fast alles, was wir über Sokrates wissen, aus den platonischen Dialogen stammt.

Zweifellos aber wird die Figur des Sokrates von Platon ganz bewusst eingesetzt, um die zentralen Positionen seiner eigenen Philosophie zu transportieren. Die von Sokrates praktizierte Methode, seine Dialogpartner in Widersprüche zu verwickeln, bis sie zugeben müssen, dass sie sich geirrt haben, wird von Platon auch „Hebammenmethode" oder „Dialektik" genannt, da Sokrates die Wahrheit wie eine Hebamme behutsam mit seinen Fragen zur Welt bringt, beziehungsweise seine Fragen so lange wiederholt, bis sich alle Widersprüche auflösen und die Wahrheit von den Gesprächsteilnehmern selbst geboren wird.

In seinem berühmtesten Dialog „Der Staat", beschreibt Platon seine Gesprächsführung als entlarvendes dialektisches Verfahren. Denn nur die dialektische Methode würde alle barbarischen Vorurteile und falschen Voraussetzungen beseitigen, die Menschen zum eigentlichen Anfang und Grund der Wahrheit führen und das Auge der Seele vom Schlamm der Vorurteile befreien:

Nun aber [...] geht allein die dialektische Methode, auf diese Art alle Voraussetzungen aufhebend, gerade zum Anfange selbst, damit dieser fest werde, und das in [...]

barbarischem Schlamm vergrabene Auge der Seele zieht sie gelinde hervor und führt es aufwärts [...]. [3]

Erst wenn die dialektische Methode die Seele ganz nach oben geführt hat, kann das innere Auge die Wahrheit erblicken. Was ist nun aber die Wahrheit? Wie kann man Wahres von Falschem unterscheiden? In seinem Hauptwerk „Der Staat" und in den beiden berühmten Dialogen „Phaidon" und „Symposion" gibt Platon die entscheidende Antwort: Es ist die Idee des Guten. Anders als in den frühen Dialogen hat er nun als fünfzigjähriger Philosoph einen Weg zur Wahrheit gefunden.

Wir können, so Platon, die Wahrheit erkennen, wenn es uns gelingt, hinter die bloßen Erscheinungen zu blicken. Denn es gibt hinter den uns umgebenden Alltagsgegenständen und der sichtbaren Welt eine zweite unsichtbare Wirklichkeit, eine Art höhere

Seinsebene, die uns erst die wahre Welt enthüllt. Diese zweite Wirklichkeit ist das Reich der Ideen. Platon macht eine klare Unterscheidung zwischen der Welt der trügerischen und vergänglichen Gegenstände, die wir mit den Sinnen tagaus, tagein betrachten und der Welt der Ideen, die sich nur dem inneren Auge erschließt.

Allein auf Letztere sollten wir unsere Seele ausrichten, wenn wir vernünftig sein wollen:

Wenn sie [die Seele] sich auf das heftet, woran Wahrheit und das Seiende glänzt: so bemerkt und erkennt sie es, und es zeigt sich, dass sie Vernunft hat. Wenn aber auf das mit Finsternis Gemischte, das Entstehende und Vergehende: so meint sie nur, und ihr Gesicht verdunkelt sich so, dass sie ihre Vorstellungen bald so und bald so herumwirft und wiederum aussieht, als ob sie keine Vernunft hätte. [4]

14

Wahr sind nach Platon also einzig und allein die zeitlosen und unsichtbaren Ideen, die hinter den Erscheinungen stehen. Mit ihrer Hilfe können wir die alltäglichen Meinungen überprüfen. Wahr ist letztlich nur das, was den Ideen entspricht oder ihnen nahe kommt. So gibt es beispielsweise die Idee des Schönen, mit deren Hilfe wir beurteilen können, ob bestimmte Dinge schön oder hässlich sind. Ferner gibt es eine Idee der Gerechtigkeit, mit der wir Recht von Unrecht unterscheiden können, oder die Idee der Größe, mit deren Hilfe wir klein und groß unterscheiden. Die Ideen selbst sind zwar unsichtbar, aber mit unserer Seele können wir, wie Platon sagt, an den Ideen teilhaben.

Es gibt eine ganze Reihe solcher Ideen, mit deren Hilfe wir die Welt verstehen. In erster Linie geht es Platon aber nur um die letzte, größte und oberste Idee – die Idee des Guten. An ihr müssen wir uns orientieren. Im Dialog „Der Staat" bezeichnet Sokrates die Idee des Guten als die höchste Einsicht, die allen anderen Ideen vorausgeht. In mehreren Gleichnissen erklärt er dies einem seiner Gesprächspartner mit folgenden Worten:

[...] dass die Idee des Guten die größte Einsicht ist, hast du schon vielfältig gehört, als durch welche erst das Gerechte und alles, was sonst Gebrauch von ihr macht, nützlich und heilsam wird. [5]

Die Idee des Guten ist deshalb so wichtig und umfassend, weil erst durch sie jede andere Idee, zum Beispiel die der Gerechtigkeit, einen Sinn bekommt und angewandt werden kann. Wenn es uns also gelingt, die Idee des Guten zu erkennen und dementsprechend zu handeln, stehen wir auf dem Boden der Wahrheit und können ein gerechtes und glückliches Leben führen. Denn Glück und Wohlbefinden hängen, so Platon, ganz entscheidend von der Liebe zur Wahrheit und dem rechtschaffenen Leben ab:

Denn wer rechtschaffen und gut ist, der, behaupte ich, ist glückselig, sei es Mann oder Frau; wer aber ungerecht und böse, ist elend. [6]

Die sogenannte Ideenlehre ist zweifellos der Kerngedanke Platons. Er war so sehr von der übergeordneten Kraft der Ideen überzeugt, dass er die Ideen für real hielt. Sie sind für Platon nicht nur in unserem Kopf, sondern haben eine eigene Existenz. Das heißt, die Ideen sind nicht nur Gedanken oder Begriffe, mit deren Hilfe wir etwas beschreiben oder beurteilen, sondern haben eine Wirklichkeit, die sogar realer ist als die trügerische Wirklichkeit der Alltagsdinge. Oder wie Platon es auch formuliert: den unsichtbaren Ideen kommt ein höherer Grad an Sein zu. Wer sich den Ideen zuwendet und diese zu erkennen versucht, ist

[...] dem Seienden näher und zu dem mehr Seienden gewendet [...].[7]

Die Ideen sind also im Vergleich zu den Gegenständen die tiefere und grundlegende Wirklichkeit. Platonforscher sagen deshalb zu Recht, die Ideenlehre habe eine ontologische, eine erkenntnistheoretische und eine ethische Dimension. Das heißt, dass Platon mit seiner Ideenlehre gleich drei wichtige Fragen der Menschheit beantwortet hat. Erstens behauptet Platon im Hinblick auf die Ontologie, also auf die Lehre vom Sein, dass die Idee des Guten eine eigene reale Kraft darstellt, die es unabhängig vom Menschen im Universum gibt und immer geben wird. Die Idee des Guten ist eine Art ewige Energiequelle, an der wir teilhaben können, wenn wir unsere Seele dafür öffnen. Zweitens sagt Platon im Hinblick auf die Erkenntnistheorie, dass die Ideen uns erst ermöglichen, die Wahrheit von bloßen Meinungen und Irrtümern zu unterscheiden. Und drittens beantwortet Platon am Ende sogar die ethische Frage nach dem richtigen Handeln, indem er sagt, dass nur die Idee des Guten eine verbindliche Orientierung für sittlich moralische Entscheidungen gibt. Wer sich stets an der Idee des Guten, des Wahren und des Schönen orientiert, wird am Ende zur Reinheit der Seele gelangen und glücklich werden.

Aber was sind nun diese seltsamen Ideen? Woher kommen sie? Was genau meint Platon, wenn er vom Guten spricht? Und vor allem – wie können wir es erkennen und ein entsprechendes Leben führen?

# Platons Kerngedanke

## Der Weg zum Glück im Wagengleichnis

Der Weg zur wahren Erkenntnis und damit zum glücklichen Leben ist für uns Menschen nicht einfach. Er muss jeden Tag aufs Neue bewältigt werden. Dabei ist es wichtig, dass wir unsere Seele ins Gleichgewicht bringen und weiterentwickeln. Wie wir das bewerkstelligen können, erklärt uns Platon mit seinem berühmt gewordenen Wagengleichnis: Das Wesen der Seele gleicht einem Pferdewagen, auf dem ein Wagenlenker sitzt, der zwei geflügelte Pferde gleichzeitig im Zaum halten muss. Die beiden Pferde stehen zum einen für die menschliche Willenskraft, zum anderen für den Eros, also den Liebestrieb. Doch diese beiden kraftvollen Zugtiere sind äußerst flatterhaft und übermütig:

Schwierig und mühsam ist daher notwendig bei uns die Lenkung.[8]

Es besteht nämlich die große Gefahr, von dem Gespann, also von Liebestrieb und Willen, in den Abgrund gezogen zu werden. Denn sowohl die Willenskraft als auch der Eros sind Bestandteile der Seele, die sich bei mangelnder Vorsicht negativ auswirken können. So symbolisiert der Eros im Wagengleichnis den sinnlichen und begehrenden Seelenanteil, der nach immer während Lust strebt, nach Essen, Trinken und sexueller Erfüllung.

Das zweite Pferd, also der Wille, ist der muthafte Anteil der Seele, der auf Erfolg, Anerkennung, Ruhm und Durchsetzung der eigenen Interessen abzielt. Der Wagenlenker schließlich steht im Gleichnis für den dritten Seelenanteil, für die Vernunft, welche die schwierige Aufgabe hat, die beiden gefiederten Zugpferde, den Eros und die Willenskraft, zu bändigen und nach oben führen.

So muss die Vernunft als strenge Wagenlenkerin die Liebeskraft im Zaum halten und von den körperlich sexuellen Reizen auf höhere Ziele umlenken. Dies gilt insbesondere für die Philosophen. So stellt Sokrates im Dialog Phaidon, einem seiner Schüler, folgende rhetorische Frage:

Scheint dir, dass es sich für einen philosophischen Mann gehöre, sich Mühe zu geben um die sogenannten Lüste, wie um die am Essen und Trinken? [...] Oder um die aus dem Geschlechtstriebe? [9]

Und Platon fährt fort:

[...] Verachten, dünkt mich wenigstens, wird es der wahrhafte Philosoph. [10]

Auch das zweite Pferd, der Wille, muss von der puren Selbstbehauptung, dem blinden Ehrgeiz auf Besonnenheit und Respekt umgelenkt werden. Die Beherrschung und Veredelung der niederen Seelenanteile spielt nach Platon eine entscheidende Rolle sowohl für das Leben nach dem Tod, als auch für ein einträgliches Leben auf der Erde:

> Wenn nun die besseren Teile der Seele, welche zu einem wohlgeordneten Leben und zur Liebe der Weisheit hinleiten, den Sieg erlangen: so führen sie [die Men-

> schen] hier schon ein seliges und einträchtiges Leben, sich selbst beherrschend und sittsam dasjenige besiegt habend in ihrer Seele, dem Schlechtes, und das befreit, dem Vortreffliches einwohnt; [11]

Entscheidend ist im Wagengleichnis die Forderung Platons, dass der Geist beziehungsweise die Vernunft den Körper beherrschen möge. Denn sowohl die Lust als auch der Wille sollen von der Vernunft als Wagenlenkerin geführt werden. Aufgabe der Vernunft ist es also, die Seele von den niedrigen Trieben nach oben auf den Weg der Tugend und der Wahrheit zu führen.

# Die ‚platonische' Liebe

Auch in seinem berühmten Dialog „Symposion", auf Deutsch „Das Gastmahl", weist Platon darauf hin, dass der Mensch sich nicht allein in der sinnlichen Lust verlieren darf, sondern seine Triebe veredeln muss. Zwar lässt er Sokrates in diesem Dialog sagen, dass der Liebestrieb das stärkste Grundbedürfnis des Menschen ist. Denn der Eros, wie die Griechen den Geschlechtstrieb nach ihrer Liebesgottheit nannten, ist die kreativste und vitalste Energiequelle überhaupt. Aber gerade deshalb, so fährt Sokrates fort, muss seine Zeugungskraft unbedingt für höhere Zwecke genützt und veredelt werden. Über die rein sexuelle Liebe hinaus kann man, so Platon, den Eros auf die geistige Liebe und sogar auf die Liebe zur Wissenschaft lenken.

Dies schildert er im „Symposion" sehr anschaulich. So widersteht Sokrates vorbildlich der sexuellen Begierde, als ihn der Jüngling Alkibiades zu einem homoerotischen Abenteuer verführen will. Obwohl die Knabenliebe in der Antike weit verbreitet und Alkibiades ein auffallend schöner Jüngling war, lehnt Sokrates das Angebot ab. Stattdessen hält er dem Jüngling einen Vortrag über die vier verschiedenen Stufen der Liebe.

Nur auf der allerersten Stufe, so erzählt er dem erstaunten Alkibiades, zielt der Eros auf die sexuelle Vereinigung ab. Schon auf der zweiten Stufe speist er darüber hinaus die Liebe zu schönen und guten Lebenseinstellungen. Denn ein guter Liebhaber, so argumentiert Platon, ist ja in aller Regel daran interessiert, dem Geliebten Gutes zu tun, und vollbringt somit automatisch auch gute Taten, um dem Liebhaber zu gefallen. So leitet und erzieht uns die Liebe viel besser zu selbstlosen, schönen und gerechten Taten, als dies unsere Eltern oder Verwandten je vermocht haben:

> Denn was diejenigen in ihrem ganzen Leben leiten muss, welche schön und recht leben wollen, dieses vermag weder die Verwandtschaft ihnen so vollkommen zuzuwenden [...] noch sonst irgendetwas wie die Liebe. [12]

Deshalb schämen wir uns auch viel mehr vor dem Geliebten, als vor den Eltern, wenn wir etwas Schlechtes oder moralisch Verwerfliches getan haben:

[...] Ich behaupte nämlich, dass einem Manne, welcher liebt, wenn er dabei betroffen würde, dass er etwas Schändliches entweder täte oder aus Unmänn-

lichkeit ohne Gegenwehr von einem anderen erduldete, weder von seinem Vater gesehen zu werden soviel Schmerz verursachen würde, noch von seinen Freunden, noch von sonst irgend jemand als von seinem Liebling.[13]

Deshalb verhilft uns die Verliebtheit auf der zweiten Stufe, gute Taten zu vollbringen. Auf der dritten Stufe kann man den Eros auf die Liebe zur Wissenschaft umlenken. Doch dies gelingt eher wenigen Menschen. Die meisten gehen der Zeugungslust in direkter Weise nach:

> Die nun [...] dem Leibe nach zeugungs-
> lustig sind, wenden sich mehr zu den
> Weibern und sind auf diese Art verliebt,
> indem sie durch Kindererzeugen Un-
> sterblichkeit [...] wie sie meinen, für alle
> künftige Zeit sich verschaffen. [14]

Die Menschen können aber nicht nur durch Kinder
eine gewisse Unsterblichkeit erlangen, sondern auch
durch ihre Werke, indem sie ihre Zeugungskraft auf
die Literatur oder die Kunst richten. Denn, so Platon:

> [...] es gibt solche, [...] die auch in der Seele
> Zeugungskraft haben, viel mehr als im Leibe, für
> das nämlich, was der Seele ziemt zu erzeugen
> und erzeugen zu wollen. Und was ziemt ihr denn?
> Weisheit und jede andere Tugend, deren Erzeuger
> auch alle Dichter sind und alle Künstler, denen
> man zuschreibt erfinderisch zu sein. [15]

Erfindungen und wissenschaftliche Erkenntnisse sind also auch Produkte des Eros. Auf der vierten und höchsten Stufe der Liebeskunst löst sich die Liebe dann völlig von allen konkreten Liebesobjekten ab, auch von der Wissenschaft. Der Eros richtet sich nun auf das Gute und Schöne selbst:

> Wer nämlich bis hierher in der Liebe erzogen ist, [...] der wird, indem er nun der Vollendung in der Liebeskunst entgegengeht, plötzlich ein von Natur wunderbar Schönes erblicken, nämlich jenes selbst [...]. [16]

Es geht nach Platon also darum, den erotischen Trieb von der Wahrnehmung des schönen Körpers der geliebten Person zu lösen, schöne und tugendhafte Taten für den Geliebten zu vollbringen, die Tugend selbst als schön zu erkennen und schließlich das Schöne an sich, also die reine Idee des Schönen zu empfinden:

Denn dies ist die rechte Art, sich auf die Liebe zu legen oder von einem anderen dazu angeführt zu werden, dass man von diesem einzelnen Schönen beginnend jenes einen Schönen wegen immer höher hinaufsteige, gleichsam stufenweise von einem zu zweien, und von zweien zu allen schö-

nen Gestalten, und von den schönen Gestalten zu den schönen Sitten und Handlungsweisen, und von den schönen Sitten zu den schönen Kenntnissen, bis man von den Kenntnissen endlich zu jener Kenntnis gelangt, welche von nichts anderem, als eben von jenem Schönem selbst die Kenntnis ist, und man also zuletzt jenes selbst, was schön ist, erkenne. [17]

Und genau das ist der Sinn der viel zitierten ‚platonischen Liebe', nämlich das zu erkennen und zu begehren, was unsere Seele wirklich glücklich macht – das Schöne an sich. Im Volksmund wird unter pla-

tonischer Liebe in der Regel nur eine nicht sexuelle, geistige Liebe zwischen Mann und Frau verstan-
den. Das ist aber zu kurz gegriffen und entspricht
nur zum Teil Platons Intention. Denn Platon geht
es jenseits aller zwischenmenschlichen Beziehungen
um die spirituelle Liebe zum Schönen, Wahren und
Guten schlechthin. Allerdings gelingt dieser Aufstieg
zur höchsten Form der Liebe nur Wenigen. Viele, so
räumt Platon ein, bleiben schon auf der allerersten
Stufe stehen und versäumen, den Liebestrieb zu veredeln. Sie verwechseln die Idee des Guten mit dem,
was ihre Begierde für gut hält. So erklärt Sokrates einem Gesprächspartner:

Aber das weißt du ja doch wohl
auch, dass der Menge die Lust
das Gute zu sein scheint, denen
aber, die sich mehr wissen, die
Einsicht. [18]

An anderer Stelle, im Dialog Georgias, sagt Platon nicht ohne Spott, dass der rein trieborientierte
Mensch ein Leben lang vergeblich versuchen wür-

de, ein Fass aufzufüllen, das ein Loch habe. Als sein Diskussionskontrahent Kalikles ihm entgegnet, dass doch gerade dieses Loch sehr positiv sei, da sich dadurch das Hunger- und Lustgefühl immer wieder aufs Neue einstellen und weitere Genüsse ermöglichen würde, erwidert Platon schroff:

Das ist wiederum ein Leben wie [das] einer Ente [...]. [19]

Denn auch die Ente, so erklärt Platon provokativ, verbringt ihr ganzes Leben damit, zu fressen, auszuscheiden und auf erneuten Hunger zu warten. Der Triebmensch verliert sich also in kurzlebige Genüsse. Derjenige hingegen, der sein Begehren auf die Idee des Guten, Wahren und Schönen richtet, erfährt eine viel intensivere Form der Liebe:

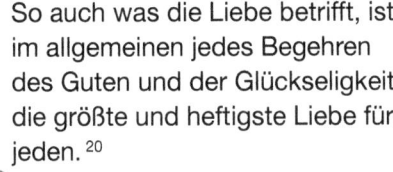

So auch was die Liebe betrifft, ist im allgemeinen jedes Begehren des Guten und der Glückseligkeit die größte und heftigste Liebe für jeden. [20]

Das Ziel des Menschen sollte also darin bestehen, seine Liebe auf die ewigen Ideen des Schönen und Guten zu richten. Was sind nun diese Ideen? Wie kann ich beispielsweise die reine Idee des Schönen wahrnehmen und woraus besteht sie?

# Die Ideenlehre

Als erstes muss man sich vor Augen halten, dass das Wort „Idee" im antiken Griechenland eine etwas andere Bedeutung hatte als heute. Unter Idee verstand man damals keineswegs eine plötzliche Eingebung oder einen Gedankenblitz in dem Sinne, wie wir heute manchmal ausrufen: „Hey, ich habe eine gute Idee!" Stattdessen bedeutete das altgriechische Wort „eidos" soviel wie „Gestalt" und „Urbild". Platon verwendet das Wort nur in diesem Sinne. Er vermutete hinter allen wandelbaren Einzeldingen ursprüngliche Gestalten, die als Urbilder den Einzeldingen zu Grunde liegen. Man spricht deshalb auch von der platonischen Urbild-Abbildtheorie.

Die Ideen sind bei Platon archaische Urbilder, die jeder Mensch bereits bei seiner Geburt im Kopf hat und mit denen er die Welt ordnen und verstehen kann. Ohne diese Ideen wären wir nach Platon gar nicht in der Lage, die vielen Veränderungen um uns herum zu begreifen, und würden im Chaos der Sinneswahrnehmungen untergehen.

Als Idee können wir zunächst alles verstehen, was eine Reihe von Einzeldingen unter demselben Namen zusammenfasst. So gibt es die Idee des Baumes. Diese Idee fasst alle konkret sichtbaren Bäume unter einem einzigen abstrakten Urbild zusammen, nämlich dem Begriff Baum. Birken, Tannen, Palmen, Eichen, Fichten oder Trauerweiden haben zwar jeweils verschiedene Blätter, Rinden und Äste, aber sie folgen dennoch alle einem unsichtbaren einheitlichen Entfaltungsprinzip, einem Urbild beziehungsweise einer erkennbaren Gestalt, einem „eidos" – dem Baumhaften oder wie Platon sagt, der Idee des Baumes. Nur deshalb kann ich die unterschiedlichen Gewächse, klein oder groß, verdorrt oder grün, mächtig, dick oder dünn immer als Baum erkennen und sofort von anderen Pflanzen wie Blumen oder Büschen unterscheiden.

Wenn ich also aus dem Haus gehe, beginne ich sofort, hinter den vielen bunten Sinneseindrücken, Gerüchen und Geräuschen die ursprünglichen Ideen zu erkennen und damit das Chaos zu ordnen.

So stehen hinter allen sinnlich wahrnehmbaren Erscheinungen und der ganzen Vielfalt der Natur ewige Ideen, von denen die konkreten Dinge nur Abbilder sind. Dabei betont Platon, dass die Idee zuerst da sein muss, damit überhaupt konkrete Dinge erscheinen können, die an dieser Idee teilhaben. Die Ideen sind somit die erste und eigentliche Wirklichkeit. Das ist für uns moderne Menschen nur schwer zu verstehen. Denn wir sind gewohnt, vom Konkreten auszugehen

und erst dann Sammelbegriffe und abstrakte über-
geordnete Einheiten zu bilden. Für unser Empfinden
ist eher das konkrete Ding das Ursprüngliche und der
Sammelbegriff ein Gedanke, den wir hinterher fassen, um alles unter einen Hut zu bringen. Für Platon
nicht. Er besteht darauf, dass die Idee ursprünglicher
und wichtiger ist und begründet dies auch.

Wenn zum Beispiel ein Schreiner einen Tisch baut,
hat er lange bevor er Säge und Hobel in die Hand
nimmt, schon eine genaue Idee vom Tisch im Kopf.
Damit der konkrete Tisch entstehen kann, muss die
Idee „Tisch" bereits vorher da sein. Alle verschiedenen viereckigen und runden Tische, die der Schreiner
in seinem langen Handwerkerleben herstellt, haben
lediglich Teil an dieser bereits vorgängig existenten
Tisch-Idee.

Noch eindringlicher zeigt Platon den Vorrang der Idee
am Beispiel des Kreises oder des Zirkels. Der Kreis
kommt nämlich in der konkreten Natur in seiner Rein-
form gar nicht vor. Denn er besteht per Definition
aus einer Vielzahl von Einzelpunkten, die sich kon-
zentrisch um einen Mittelpunkt anordnen, von dem
sie exakt gleich weit entfernt sind. Selbst sorgfältig
hergestellte Keramikschalen, Diskusscheiben oder
Silbermünzen ergeben niemals ganz präzise Kreise.

Sie bleiben mehr oder weniger gut gelungene Abbilder des Urbildes Kreis. Den Mathematikern geht es deshalb auch nicht um real sichtbare Kreise oder darum, deren Schatten nachzuzeichnen, sondern immer um die unsichtbare Idee des Kreises selbst, die man nur mit dem Verstand erkennen kann:

> [...] dasjenige selbst, was sie nachbilden und abzeichnen, wovon es auch Schatten und Bilder im Wasser gibt, dessen bedienen sie sich zwar als Bilder, sie suchen aber immer jenes selbst zu erkennen, was man nicht anders sehen kann als mit dem Verständnis. [21]

Auch das gleichseitige Dreieck ist eine solche Idee, beziehungsweise ein Urbild, das in der konkreten Alltagswelt gar nicht vorkommt. Selbst wenn ein Schreiner mit größter Sorgfalt ein hölzernes gleichseitiges Dreieck konstruiert oder ein Mathematiker mit größter Präzision ein solches Dreieck in den Sand malt, ist es doch nur ein unvollkommenes Abbild des präzisen Urbildes, das er im Kopf hat. Es ist obendrein recht vergänglich. Das in den Sand gezeichnete Dreieck kann sogar beim ersten Windstoß verweht oder vom Regen verwischt werden. Selbst das hölzerne Dreieck verfault irgendwann. Die Idee des Dreiecks aber bleibt für immer erhalten, denn Ideen sind nun mal unsichtbar und zeitlos.

Die Ewigkeit der Ideen auf der einen Seite und die Vergänglichkeit der sinnlich wahrnehmbaren Dinge auf der anderen, sind für Platon ein entscheidendes Indiz dafür, dass die Ideen wichtiger sind als die erscheinenden Dinge und diesen gegenüber eine höhere Form von Wirklichkeit haben. Alles, was wir mit dem Auge an Äußerlichkeiten wahrnehmen, ist in ständiger Veränderung begriffen und schon deshalb nur schemenhaft erkennbar. Hätten wir nicht eine vorgängige Idee von dem, was einen Menschen wirklich ausmacht, wäre es nicht einmal möglich, so verschieden anmutende Lebewesen wie einen Säugling, einen Jugendlichen, einen Mann, eine Frau oder einen Greis jedes Mal treffsicher als Mensch zu erkennen.

Als letztes Beispiel für die größere Bedeutung der Wirklichkeit der unsichtbaren Ideen sei die Idee der Schönheit angeführt. Ein schöner Mensch kann altern, einen Unfall haben und eine Narbe bekommen. Auch eine schöne Vase kann verblassen oder durch einen Sprung verunstaltet werden. Die Idee der Schönheit selbst aber, so Platon, bleibt davon unberührt. Menschen, Tiere, Pflanzen und Gegenstände können immer nur kurze Zeit an der Schönheit teilhaben. Dann verfallen sie wieder. Das Schöne selbst aber ist vom Verfall nicht betroffen, da es unkörperlich und unvergänglich ist. So unterscheidet Platon die schönen Gegenstände von der Idee des Schönen und stellt fest:

> [...] wenn auch das andere entsteht und vergeht, jenes [das Schöne] doch nie irgendeinen Gewinn oder Schaden davon hat. [22]

Schönheit, erklärt uns Platon an dieser Stelle, kann niemals mit einer konkreten Gestalt, Form oder Farbe erklärt werden. Wir finden zum Beispiel die Farbe Rot oder die Gestalt einer Kugel einmal schön, ein anderes Mal hässlich, je nachdem, in welchem Zusammenhang die Farbe und die Form vorkommen. So kann die im Meer untergehende rote Sonne wunderschön sein, eine blutverschmierte rote Gewehrkugel dagegen ekelerregend, obwohl beide rot und rund sind. Die Schönheit eines Gegenstandes hängt also weder von der Kugelform oder der roten Farbe ab, noch von irgendeiner definierten Gestalt, sondern allein davon, ob das Rot und die Kugelgestalt gerade an der Idee des Schönen teilhaben oder eben nicht. Deshalb langweilt es Platon, sich lange detaillierte Erklärungen anzuhören, weshalb etwas schön sein soll. Letztlich ist doch alles nur durch die Anwesenheit und Teilhabe an der Idee des Schönen schön:

[...] wenn mir jemand sagt, weswegen irgendetwas schön ist, entweder weil es eine blühende Farbe hat oder Gestalt, oder sonst etwas dieser Art, so lasse ich das andere – denn durch alles übrige werde ich nur ver-

wirrt gemacht – und halte mich ganz einfach und kunstlos [...] daran, dass nichts anderes es schön macht als eben jenes Schöne, nenne es nun Anwesenheit oder Gemeinschaft, wie nun und woher sie auch komme, denn darüber möchte ich nichts weiter behaupten, sondern nur, dass vermöge des Schönen alle schönen Dinge schön werden. [23]

Unser Gefühl für Schönheit ergibt sich also aus der Teilhabe der Dinge an der unsichtbaren Idee und nicht aus konkreten Farben und Formen.

# Lernen ist Wiedererinnerung der Ideen

Schon das Kind kann schön und hässlich, groß und klein unterscheiden, obwohl es vielleicht noch gar nicht viel erlebt und gesehen hat. Die Tatsache, dass wir von Anfang an Unterscheidungen vornehmen können, ist nach Platon ein Indiz dafür, dass wir die Ideen der Schönheit, der Größe und der Gleichheit und alle anderen Ideen bereits vor unserer Geburt kennen gelernt haben müssen. So stellt er die rhetorische Frage:

> Nun aber haben wir doch gleich von unserer Geburt an gesehen, gehört und die anderen Sinne gebraucht? [...] Und wir mussten, sagen wir, schon ehe dies geschah, die Erkenntnis des Gleichen bekommen haben? [...] Ehe wir also geboren wurden, müssen wir sie, wie sich zeigt, bekommen haben. [24]

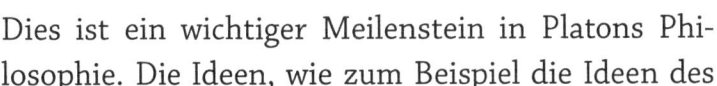

Dies ist ein wichtiger Meilenstein in Platons Philosophie. Die Ideen, wie zum Beispiel die Ideen des

Gleichen, der Größe, der Schönheit oder der Gerechtigkeit müssen den Kindern nicht erst beigebracht werden. Sie sind offensichtlich bereits da. Selbst ein Sklave, der nie mit Geometrie in Berührung gekommen ist und nie eine Schule besucht hat, kann, so Platon, eine Reihe von geometrischen Aufgaben lösen, indem er einfach nur mit der Idee arbeitet, die er schon in sich trägt. Im Dialog Menon testet Sokrates zu diesem Zweck einen Knaben. Dieser ist tatsächlich in der Lage, ohne Vorwissen die Fragen zum gleichseitigen Viereck allein mit Hilfe seiner Ideen vom Viereck und von der Gleichheit der Seiten zu beantworten. Er kann dies, obwohl ihm zuvor niemand von diesen Ideen erzählt hat. Sokrates zieht daraus folgende Konsequenz:

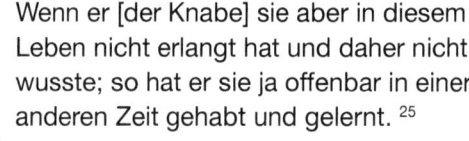

Wenn er [der Knabe] sie aber in diesem Leben nicht erlangt hat und daher nicht wusste; so hat er sie ja offenbar in einer anderen Zeit gehabt und gelernt. [25]

In welcher anderen Zeit soll das gewesen sein? Platons Antwort ist erstaunlich. Es muss bereits vor seiner Geburt passiert sein. Nicht nur die Ideen, auch unsere Seele existiert nach Platons Auffassung bereits lange bevor wir zur Welt kommen und hat Anteil an den Ideen. In einer Art Unterwelt sind die Seelen der Menschen vor der Geburt mit den ewigen Ideen vereint. Wenn dann die Seele wieder in den menschlichen Körper hinein fährt und in das Leben hineingeboren wird, vergisst sie zunächst einiges von dem, was sie im Zustand der Verbundenheit von den Ideen wusste. Sie kann sich aber nach und nach an alles vorgeburtlich Gesehene wieder erinnern, an die einfachen Ideen, aber auch an die Idee der Tugend:

Weil nun die Seele unsterblich ist und oftmals geboren und, was hier ist und in der Unterwelt, alles erblickt hat: so ist auch nichts, was sie nicht in Erfahrung gebracht hätte, so dass nicht zu verwundern ist, wenn sie auch

von der Tugend und allem anderen vermag, sich dessen zu erinnern, was sie ja auch früher gewusst hat. [...] Denn das Suchen und Lernen ist demnach ganz und gar Erinnerung. [26]

Bei Platon ist all unser Lernen somit nur Wiedererinnerung früherer Seelenzustände, in denen wir mit den unsichtbaren Ideen vereint waren. Die Seele gibt es lange vor unserer Geburt. Auch nach dem Leben auf der Erde stirbt sie nicht einfach, sondern verlässt lediglich den menschlichen Körper. Im Augenblick des Todes befreit sie sich vom Leib und kehrt nach Platon wieder zurück in das Reich der Ideen.

# Die Unsterblichkeit der Seele

Die Seelen der Menschen sind unsterblich. Dennoch haben sie, so Platon, nach dem Tod nicht alle das gleiche Schicksal. Es ist nämlich von großer Bedeutung, wie der einzelne Mensch gelebt hat. Wenn er seine Seele bereits zu Lebzeiten den Ideen zugewandt und sich der Idee des Guten geöffnet hat, dann, so eröffnet uns Platon, kann sich seine Seele leicht vom Körper lösen:

> Wenn sie aber, meine ich, befleckt und unrein von dem Leibe scheidet, weil sie eben immer mit dem Leibe verkehrt und ihn gepflegt und geliebt hat und von ihm bezaubert gewesen ist und

> von den Lüsten und Begierden, so dass sie auch glaubte, es sei überhaupt gar nichts anderes wahr als das Körperliche, was man betastet und sieht, isst und trinkt und zur Liebe gebraucht, [...] meinst du, dass eine so beschaffene Seele sich werde rein für sich absondern können? [27]

Platons Antwort ist konsequent. Sie kann es nicht. Eine Seele, die lebenslang in körperlichen Bedürfnissen und materiellen Reizen befangen war, schafft es auch im Augenblick des Todes nicht, sich ganz vom Körper zu befreien. Unerlöst irrt sie deshalb in der Schattenwelt umher.

Ähnlich wie später im Christentum bleibt den sündigen Seelen der Zugang zum Reich der Ideen versperrt. Anders aber als in der christlichen Religion gibt es bei Platon kein Fegefeuer, das diese Seelen noch reinigen könnte. Stattdessen bleibt denjenigen, die noch nicht reif sind, sich mit den göttlichen Ideen zu vereinigen, nur der Weg zurück in den Körper – die Reinkarnation.

Sokrates schildert dem Dialogpartner Kebes in aller Deutlichkeit, dass es viele schlechte Seelen gibt, die dazu verurteilt sind, eine Weile hilflos als dunkle Erscheinungen in der Schattenwelt an Denkmälern und Gräbern umherzuschleichen, bis sie irgendwann wieder an einen Leib gefesselt werden:

Und freilich leuchtet auch ein, oh Kebes, dass dies nicht die Seelen der Guten sind, sondern der Schlechten, welche [...] gezwungen sind herumzuirren, Strafe leidend für ihre frühere Lebensweise,

welche schlecht war. Und so lange irren sie, bis sie durch die Begierde des sie noch begleitenden Körperlichen wieder gebunden werden in einen Leib. [28]

Platons Auffassung von der Wiedergeburt weist zweifellos eine große Nähe zum Hinduismus auf. Die Forschung vermutet, dass er auf seinen Reisen mit der hinduistischen Reininkarnationslehre in Berührung gekommen ist. Denn wie im Hinduismus ist auch bei Platon der Lebenswandel im vorausgegangenen Leben entscheidend für den Körper, in den man in seinem nächsten Leben wieder hineingeboren wird. Wer lasterhaft gelebt hat, wird als entsprechend niedriges Tier wiedergeboren:

Wie, die sich ohne alle Scheu der Völlerei und des Übermuts und Trunkes befleißigten, solche begeben sich natürlich in Esel und ähnliche Arten von Tieren. [...] Die aber Ungerechtigkeit, Herrschsucht und Raub vorzogen, diese dagegen in die verschiedenen Geschlechter der Wölfe, Habichte und Geier. [29]

Die weniger belasteten Seelen werden zu Bienen, Ameisen, Frauen oder Männern. Wie aber kommt Platon überhaupt zu der Überzeugung, dass die Seele unsterblich ist? Im berühmten Dialog Phaidon, der vielleicht bedeutendsten Schrift der griechischen Prosa, beschreibt er die letzten Stunden des Sokrates vor seinem Tod und begründet eindrucksvoll seine Auffassung von der Seelenwanderung. Der zum Tode verurteilte Sokrates tröstet seine Freunde und versichert ihnen, dass er keine Angst vor dem Tod habe. Denn Sokrates ist sich sicher, dass es nach dem Tod „etwas gibt":

> So dass ich eben deshalb nicht so un-
> willig bin, sondern der frohen Hoffnung,
> dass es etwas gibt für die Verstorbenen,
> und, wie man ja schon immer gesagt
> hat, etwas weit Besseres für die Guten
> als für die Schlechten. [30]

Da die Seelen der Verstorbenen weiterleben, indem sie sich im Augenblick des Todes vom Körper lösen, ist es für wahre Philosophen keine Strafe, aus dem Leben zu scheiden. Im Gegenteil, sie bereiten sich im Grunde genommen ein ganzes Leben lang auf diesen Moment vor. Philosophie in diesem Sinne heißt sterben lernen. So lässt Platon seinen Protagonisten Sokrates kurz vor seinem Tod sagen:

> [...] diejenigen, die sich auf rechte Art mit
> der Philosophie befassen, mögen wohl,
> ohne dass es freilich die anderen mer-
> ken, nach gar nichts anderem streben als
> nur zu sterben und tot zu sein. [31]

Die Leichtigkeit zu sterben nimmt Sokrates aus der Überzeugung, dass der Tod für die Seele eine Befreiung darstellt. Denn zu Lebzeiten befindet sie sich in einen bedauernswerten leiblichen Zustand:

[...] gebunden im Leibe und ihm anklebend und gezwungen, wie durch ein Gitter durch ihn das Sein zu betrachten [...]. [32]

An anderer Stelle bezeichnet Platon unseren Leib sogar als Grab der Seele.[33] Dabei ist für ihn die Unsterblichkeit keine bloße Vermutung, sondern kann bewiesen werden. Platon lässt Sokrates neben dem Phänomen der Wiedererinnerung der Ideen noch drei weitere Argumente vortragen. Zum einen stellt er fest, dass es auf der Welt prinzipiell nur zwei Arten von Seiendem gibt, das Sichtbare und das Unsichtbare. Sichtbar sind zum Beispiel Stühle, Tische, Häuser, Steine, Pflanzen und Tiere. Unsichtbar sind dagegen die Ideen der Gerechtigkeit, des Guten oder des Schönen. Alle sichtbaren Dinge sind vergänglich. Der Stuhl etwa kann verfaulen, der Stein zerbröseln, das Haus zusammenstürzen. Die unsichtbaren Dinge aber sind ewig, denn die Idee der Gerechtigkeit gibt es schon seit vielen Jahrhunderten und es wird sie auch in Zukunft geben. Da die Seele wiederum eindeutig zu den unsichtbaren Dingen gehört, folgt daraus, dass sie genau wie diese unsterblich sein muss.

Ein zweiter Beweis ist für Platon die Veränderlichkeit. Der Körper einer Pflanze, eines Tieres oder eines Menschen ist in ständiger Veränderung begriffen. Er ist jung, blüht auf, wird irgendwann alt, gebrechlich und anfällig für Krankheiten. Unsichtbare Ideen hingegen, wie die Gerechtigkeit oder die Schönheit, sind unveränderlich. Da die Seele nicht, wie der Körper, einer ständigen Veränderung ausgesetzt ist, gehört sie zu den unveränderlichen Dingen und ist genau wie diese unsterblich.

Drittens kann man alle Seinsformen danach unterscheiden, ob sie sich selbst bewegen können oder nicht. Ein Stein muss ins Rollen gebracht oder durch die Luft geworfen werden. Er kann sich niemals aus eigener Kraft fortbewegen. Er ist, wie alles andere, das bewegt werden muss, endlich und vergänglich. Anders verhält es sich bei der Seele:

Seele insgesamt ist unsterblich. Denn das stets Bewegte ist unsterblich; [...] Denn jeder Körper, dem nur von außen das Bewegtwerden kommt, heißt unbeseelt, der es aber in sich hat aus sich

selbst, beseelt. [...] Verhält sich aber dieses so, dass nichts anderes das sich selbst Bewegende ist als die Seele, so ist notwendig auch die Seele unentstanden und unsterblich. [34]

Und damit sind wir beim Kerngedanken von Platons Philosophie angekommen. Die unsterbliche Seele hat in jedem Menschenleben die Chance, sich vom Leib zu befreien, indem sie sich höher entwickelt. Da wir uns aber im Alltag viel zu sehr von Kleinigkeiten und allerlei Sensationen ablenken lassen, vergessen wir oft, den Blick auf das Wesentliche zu richten. Die ganze Platonische Philosophie kreist letztlich um die Frage, wie wir die ewigen Ideen des Guten, Wahren und Schönen erkennen können. Platon beantwortet uns diese Frage in seinen beiden berühmten Gleichnissen, dem Sonnengleichnis und dem Höhlengleichnis.

# Das Sonnengleichnis

Im Sonnengleichnis zeichnet Platon den Erkenntnisweg der Seele dem Vorgang des Sehens nach. So wie das Licht es unseren Augen ermöglicht, die Gegenstände klar und deutlich zu erkennen, ist die Idee des Guten für die Seele notwendig, um auf die Wahrheit zu blicken.

Zunächst schildert Platon im Sonnengleichnis nur das alltägliche Sehen. Ohne die Lichtstrahlen der Sonne kann das sehende Auge weder Helligkeit, Dunkelheit oder irgendwelche Farben erkennen, noch werden Gegenstände angestrahlt und ausgeleuchtet. Das Licht ist also entscheidend dafür, dass wir mit den Augen überhaupt etwas wahrnehmen. Je nachdem, wie stark dieses Licht ist, erkennen wir die Welt besser oder schlechter:

[...] Wenn aber, denke ich, auf das, was die Sonne bescheint: dann sehen sie deutlich, und es zeigt sich, dass in eben diesen Augen die Sehkraft wohnt. [35]

51

Diesen physischen Vorgang des Sehens überträgt Platon nun auf die Seele:

Ebenso nun betrachte dasselbe auch an der Seele. Wenn sie sich auf das heftet, woran Wahrheit und das Seiende glänzt: so bemerkt und erkennt sie es, und es zeigt

sich, dass sie Vernunft hat. Wenn aber auf das mit Finsternis Gemischte; das Entstehende und Vergehende: so meint sie nur und ihr Gesicht verdunkelt sich so, dass sie ihre Vorstellungen bald so und bald so herumwirft und wiederum aussieht, als ob sie keine Vernunft hätte. [36]

Es kommt also darauf an, die Seele für das Licht und somit die Idee des Guten zu öffnen. Denn nur der Existenz des Guten verdanken wir wahre Erkenntnis. Das Licht ist nicht nur verantwortlich dafür, dass wir die Dinge erkennen können, sondern darüber hinaus auch dafür, dass sie überhaupt existieren. Denn erst das Sonnenlicht, so Platon, erweckt sie zum Leben, wie er einen seiner Dialogpartner im Sonnengleichnis zusammenfassen lässt:

> Die Sonne, denke ich, wirst du sagen, verleihe dem Sichtbaren nicht nur das Vermögen, gesehen zu werden, sondern auch das Werden und Wachstum und Nahrung, unerachtet sie selbst nicht Werden ist. [37]

An dieser Stelle im Sonnengleichnis macht Platon in dem kleinen Nebensatz „ungeachtet sie selbst nicht Werden ist" eine folgenreiche Unterscheidung. Die gesamte abendländische Philosophie und Theologie spricht seitdem von der „ontologischen Differenz". Das klingt anspruchsvoll, doch letztlich ist damit etwas ganz Einfaches gemeint. Die Sonne, also die Idee des Guten, erzeugt zwar das Licht, das allem Seienden seine Existenz, sein Wachstum und sein Werden ermöglicht, doch ist sie selbst kein solches Werden und somit kein solch Seiendes. Die Sonne beziehungsweise das Gute ist etwas Höheres und Göttliches, eine Art unbewegter Beweger, ein metaphysischer Ursprung aller physisch vorhandenen Dinge, Pflanzen, Tiere und Menschen.

Denn die Sonne, darauf verweist Platon in seinem Gleichnis immer wieder, verleiht Leben. Sie bewirkt, dass Blumen, Wiesen und Felder sich entwickeln, wachsen und gedeihen und doch ist sie selbst keinerlei Veränderung unterworfen. Die Sonne unterliegt als einzige nicht dem Gesetz von Werden und Vergehen, sondern ist deren Ursache. Es gibt sie seit jeher und wird sie immer geben. Und genauso ist es, nach Platon, mit dem Guten. Die Idee des Guten verhilft den Menschen dazu, die Wahrheit zu erkennen und ist dennoch nicht identisch mit der Wahrheit, sondern deren Ursache:

Dieses also, was dem Erkennbaren die Wahrheit mitteilt und dem Erkennenden das Vermögen hergibt, sage ich, sei die Idee des Guten; aber sofern sie der Erkenntnis und der Wahrheit [...] Ursache allerdings ist: so wirst du doch, so

schön auch diese beiden sind, Erkenntnis und Wahrheit, nur wenn du dir jenes (das Gute) als ein anderes und noch Schöneres als beide denkst, richtig denken. [38]

Wissen und Wahrheit sind zwar etwas Guthaftes und haben Teil an der Idee des Guten, aber sie sind nicht identisch mit dem Guten selbst.

Diese Konstruktion von Platon, dass wir hinsichtlich der Erkenntnis des vergänglich Seienden auf etwas „Höheres" angewiesen sind, das selbst nicht mehr zu diesem Seienden gehört, war der Beginn der abendländischen Metaphysik, wonach alles physisch Vorhandene letztlich nur durch Metaphysisches, also durch etwas über die Physik Hinausgehendes, erkannt werden kann. Die Seele kann zwar bei Platon an der Idee des Guten teilhaben, die Idee des Guten selbst aber entspringt einer Quelle außerhalb der Seele. Und eben diese Differenz zwischen dem Sein der bloß vorhandenen physischen Dinge und den Möglichkeiten der Erkenntnis dieses Vorhandene mit Hilfe von etwas, das über dieses Seiende hinausweist, wurde später in der Philosophie die „ontologische Differenz" genannt.

Wir befinden uns jetzt in der Herzkammer von Platons Philosophie. Da unsere Seele an den ewigen Ideen teilhaben kann, eröffnet sich uns ein Weg zur Wahrheit und zum Licht. Denn jeder Mensch ist von seiner Ausstattung her in der Lage, seine Seele für die Idee des Guten zu öffnen und die Wahrheit zu erkennen. Allerdings lassen wir uns im Alltag viel zu oft ablenken und gehen irrtümlicherweise medialen Projektionen und Trugbildern auf den Leim. Platon verdeutlicht dies in seinem Höhlengleichnis.

# Das Höhlengleichnis

Um das Gute zu erkennen, muss der Mensch die Welt der Alltagsmeinungen und Vorurteile hinter sich lassen und Schritt für Schritt zur Wahrheit und zum Licht aufsteigen. Diese Befreiung der Seele aus der alltäglichen Welt der Trugbilder beschreibt Platon bildhaft als mühsamen Aufstieg aus einer dunklen Felsenhöhle. Im entsprechenden Dialog „Politeia" fordert er daher gleich zu Beginn seine Zuhörer auf, sich die düstere Situation von Menschen vorzustellen, die ihr ganzes Leben tief unten in einer Höhle verbringen:

> Sieh nämlich Menschen wie in einer unterirdischen, höhlenartigen Wohnung, die einen gegen das Licht geöffneten Zugang längs der ganzen Höhle hat. [...] In dieser seien sie von

> Kindheit an gefesselt an Hals und Schenkeln, so dass sie auf demselben Fleck bleiben und auch nur nach vorne hin sehen, den Kopf aber herum zu drehen der Fessel wegen nicht vermögend sind. [39]

57

Eine Gruppe Menschen sitzt also mit dem Rücken zum Höhlenausgang. Da sie sich wegen der Fesseln nicht umdrehen können, starren sie ihr ganzes Leben lang auf die vor ihnen liegende Höhlenwand. Hinter ihrem Rücken verläuft ein Weg, auf dem immer wieder Leute bestimmte Gegenstände vorbeitragen. Dieser Weg wird von einem brennenden Feuer erleuchtet, so dass die Schatten vorbeiziehender Menschen und Gegenstände von den lodernden Flammen schemenhaft an die Höhlenwand geworfen werden. Da die Gefangenen von Kindheit an gefesselt sind und ihr ganzes Leben lang niemals etwas anderes gesehen haben, halten sie die Projektionen der vorüberziehenden Menschen mitsamt der Gegenstände für echt. Sie geben den Schattenfiguren sogar Namen und reden über sie, als würden sie wirklich existieren. Wie sollten sie auch erkennen, dass es sich nur um Trugbilder handelt, wenn sie sich niemals umdrehen können?

> Und wie, wenn ihr Kerker auch einen Widerhall hätte von drüben her, meinst du, wenn einer von den Vorübergehenden spräche, sie würden denken, etwas anderes rede, als der eben vorübergehende Schatten? [...]

> [...] Wenn einer entfesselt wäre und gezwungen würde, sogleich aufzustehen, den Hals herumzudrehen, zu gehen und gegen das Licht zu sehen [...] was, meinst du wohl, würde er sagen [...] ? [40]

Jetzt wird es spannend. Was würde wohl passieren, wenn einer der Gefangenen die Fesseln abstreifen und nach oben gehen müsste? Er käme dann nicht mehr umhin, nach und nach erkennen zu müssen, dass die Schattenbilder gar nicht real sind und er sein ganzes bisheriges Leben künstlichen Projektionen auf dem Leim gegangen ist. Eine bittere Einsicht. Und wenn er dann noch weiter aufsteigen würde, müsste er nicht nur den Weg mit den Leuten und das Licht des Feuers erkennen, sondern am Ende sogar das Tageslicht am Höhlenausgang. Immer noch geblendet, würde er dann hinaus auf das Meer blicken, in dem sich die Wolken und die Landschaft spiegeln. Erst hielte er diese Spiegelungen für real. Doch schließlich gelänge es ihm, so Platon, die wirkliche Landschaft und den wirklichen Himmel zu erblicken. Zuletzt, am Ende der Aufstiegsbewegung schafft er es vielleicht sogar, seinen Blick ganz nach oben zu richten. Er sieht dann erstmals die Sonne selbst, die eigentliche Kraft, die allen Dingen ihr Aussehen und ihre Wirklichkeit verleiht. Dieser Augenblick der Wahrnehmung der Sonne, müsste für ihn, so vermutet Platon, überwältigend sein:

> Zuletzt aber, denke ich, wird er auch die Sonne selbst [...] zu betrachten im Stande sein. [...] Und dann wird er schon herausbringen von ihr, dass sie es ist, die alle Zeiten und Jahre schafft und alles ordnet in dem sichtbaren Raume und auch von dem, was sie dort sahen, gewissermaßen die Ursache ist. [41]

Platon will uns mit diesem Gleichnis verdeutlichen, dass der Mensch in seinem Alltag von vielen Trugbildern umgeben ist und den Blick für die Wahrheit verloren hat. Genau wie die Gefangenen in der Höhle halten wir oft Dinge für wichtig, die gar nicht wichtig sind. Wir lassen unsere Seelen von Schattenbildern beeindrucken, anstatt uns zu befreien, aufzusteigen und unsere Seele für die Welt der Ideen zu öffnen. Dass wir das nicht tun, hängt mit unserer Bequemlichkeit und unserer Angst vor Veränderung zusammen.

Der Aufstieg ist nämlich mühsam, weshalb die meisten Menschen sich lieber damit begnügen, weiterhin Schattenbilder für wahr zu halten. Deshalb sind sie auch nicht dankbar, sondern reagieren eher gereizt, wenn einer, der die Sonne und damit die Idee des Guten, Wahren und Schönen gesehen hat, wieder in die Höhle heruntersteigt und ihnen sagt, dass ihre armselige Welt nur aus Täuschungen besteht.

Noch schlimmer, so spekuliert Platon, würde es dem Heimkehrer ergehen, wenn er gar versuchen würde, die Gefangenen zu befreien und sie zum Aufstieg zu bewegen. Diese würden ihm dann sogar nach dem Leben trachten:

[...] würde man ihn nicht auslachen und von ihm sagen, er sei mit verdorbenen Augen von oben zurückgekommen und es lohne sich nicht, dass man auch nur versuche hinauf-

zukommen; sondern man müsse jeden, der sie lösen und hinaufbringen wollte, wenn man seiner nur habhaft werden und ihn umbringen könnte, auch wirklich umbringen? [42]

Diese Stelle im Höhlengleichnis ist zweifellos eine Anspielung auf das Schicksal des Sokrates, der die Athener zum Licht hatte führen wollen und hartnäckig zu größerer Sittlichkeit aufgerufen hatte, bis sie ihn schließlich als Aufrührer zum Tode verurteilten. Das Höhlengleichnis gilt bis heute als Mahnmal, sich nicht mit der manipulierten Welt der direkten Wahrnehmung zufrieden zu geben. Denn, so Platon, jeder Mensch hat die Chance, seine Fesseln abzuschütteln und zur Wahrheit aufzusteigen.

# Der ideale Staat

Weil aber nur Wenige in der Lage sind, dem Licht der Wahrheit zu folgen, sollten diese auch mit der Lenkung des Staates betraut werden. Niemand, so Platon, sei deshalb ein besserer Garant für eine gute Regierung, als wahrhafte Philosophen:

> Wenn nicht [...] entweder die Philosophen Könige werden in den Staaten oder die jetzt sogenannten Könige und Gewalthaber wahrhaft und gründlich philosophieren [...] gibt es keine Erholung von dem Übel für die Staaten [...] und ich denke auch nicht für das menschliche Geschlecht [...]. [43]

Nur Philosophen könnten die Staatsgeschäfte gerecht und unbestechlich führen. Die ideale Staatsform ist daher für Platon die Aristokratie im direkten Sinne des griechischen Wortes als der „Herrschaft der

63

Besten". Dies mag verwundern, da es bereits in der Antike erste demokratisch organisierte Stadtstaaten gab. Doch Platon zog die Aristokratie der Demokratie eindeutig vor. Er misstraute der Volksherrschaft ganz erheblich. In seinem Hauptwerk, der „Politeia", auf Deutsch „Der Staat", warnt er eindringlich vor den negativen Folgen der Demokratie. Das Wahlrecht für alle Bürger sei höchst gefährlich. Denn das gemeine Volk könne mit einem bunten und lauten Wahlkampf nur allzu leicht beeindruckt und manipuliert werden:

> Die Hörbegierigen und Schaulustigen [...] lieben doch die schönen Töne, Farben und Gestalten und alles, was dergleichen gearbeitet ist, die Natur des Schönen selbst aber ist ihre Seele unfähig zu sehen und zu lieben. [...] Werden wir uns also vergehen, wenn wir sie mehr Meinungsliebende nennen, als Weisheitsliebende? [44]

Und weil das Volk sehr leicht Meinungen und Vorurteilen verfällt, läuft es Gefahr, denjenigen zu wählen, der sich mit den buntesten Farben und der lautesten Stimme inszeniert. Deshalb drohe der Demokratie der Umschlag in die Tyrannei:

> Pflegt nun dann nicht das Volk ganz vorzüglich immer einen an seine Spitze zu stellen und diesen zu hegen und großzumachen? [45]

Ein solcher von allen bejubelter Volksführer, so Platon, berausche sich dann nur allzugerne an seiner neu gewonnenen Macht. Er errichtet mit den von ihm abhängigen Polizisten und Richtern eine Terrorherrschaft und missbraucht das Recht. Er verhaftet und verurteilt mit ungerechten Beschuldigungen unliebsame Bürger, vertreibt, deportiert oder ermordet sie, vergleichbar einem wilden Tier, das in einen Blutrausch verfällt:

Ist es nun nicht ebenso, wenn ein Volksführer, der die Menge sehr lenksam findet,
sich einheimischen Blutes nicht enthält,
sondern – wie sie es gern machen – auf
ungerechte Beschuldigungen vor Gericht

führt und Blutschuld auf sich lädt,
indem er Menschenleben vertil-
gend und mit unheiliger Zunge
und Lippe Verwandtenmord kos-
tend bald vertreibt, bald hinrichtet
[...] ? [46]

Es braucht nicht eigens erwähnt zu werden, dass
ein derart brutaler Volksführer als erstes versuchen
wird, das Wahlrecht abzuschaffen und seine Tyrannei auf Lebenszeit einzurichten. Das Grundproblem
der Demokratie besteht nach Platon somit darin,
dass der freie Wähler und das freie Volk mit einem
tyrannischen Demagogen jederzeit ihre Unfreiheit
und schlimmste Knechtschaft erwählen können:

Also auch die äußerste Freiheit wird wohl dem einzelnen und dem Staat sich in nichts anderes umwandeln als in die äußerste Knechtschaft [...]. So kommt

denn natürlicherweise die Tyrannei aus keiner anderen Staatsverfassung zustande als aus der Demokratie, aus der übertriebensten Freiheit, die strengste und wildeste Knechtschaft. [47]

Eine solche Knechtschaft könne, so fährt Platon fort, oft nur durch eine Niederlage des Tyrannen gegen äußere Feinde wieder beseitigt werden. Platon hat hier vor 2400 Jahren in erschreckend konkreter Weise die Katastrophe des Nationalsozialismus in Deutschland vorweggenommen. Auch wenn inzwischen nahezu alle modernen Demokratien Sperrklauseln gegen die Selbstabschaffung der Demokratie in ihre Verfassungen geschrieben haben, kann man doch Platons damalige Bedenken ein Stück weit nachvollziehen. Um zu vermeiden, dass charakterlich mittelmäßige oder gefährliche Menschen durch Wahlen an die Macht kommen, schlägt Platon deshalb an Stelle der Demokratie eine andere Lösung vor. In einem künftigen Idealstaat sollten diejenigen, die ein öffentliches Amt bekleiden sollen, einzig und allein danach ausgesucht werden, ob sie in der Lage sind, die höchste Idee des Guten und der Gerechtigkeit zu verwirklichen:

> [...] was ich wenigstens sehe, das sehe ich so, dass zuletzt unter allem Erkennbaren und nur mit Mühe die Idee des Guten erblickt wird, wenn man sie aber erblickt hat, sie auch gleich dafür anerkannt wird, dass sie für alle die Ursache alles Richtigen und Schönen ist, [...] und dass also diese sehen muss, wer vernünftig handeln will, sei es nun in eigenen oder in öffentlichen Angelegenheiten. [48]

Wenn ein Staat Regierungsbeamte an der Spitze hat, welche die Idee des Guten erblickt haben, werden sie das Volk mit der größtmöglichen Weisheit und Liebe regieren. Die Beamten müssen also wahre Philosophen sein. Doch wie soll man diese Philosophenkönige finden? Wer sucht sie aus?

Platon orientiert sich an der Natur der Seele. So wie sich die Seele im Wagenbeispiel aus den drei Bereichen Eros, Durchsetzungskraft und Vernunft zusammensetzt, sollte auch der ideale Staat aus einem Bauern-, einem Wächter- und einem Philosophenstand bestehen. Von Natur aus widmen sich Bauern und Handwerker der Ernährung, dem Erwerb und der Fortpflanzung, die bewaffneten Wächter der Landesverteidigung und Durchsetzung der Landesinteressen und die Philosophenkönige der vernünftigen und gerechten Leitung des Staates.

Dem Seelenmodell entsprechend können sich Bauern und Handwerker auch der Begierde hingeben und dürfen daher Geld und Eigentum aller Art besitzen. Die Wächter hingegen zeichnen sich durch Willens- beziehungsweise Durchsetzungskraft aus und werden durch Körperertüchtigung und strenge Erziehung auf diese Aufgabe vorbereitet. Der dritte und höchste Stand, der Stand der Philosophen, widmet sich ausschließlich dem Dienst am Staate und stellt die Regierung. Er steht für den Vernunftanteil der Seele und ist der Wagenlenker, der die Willenskraft und die Begierde der unteren beiden Stände mit Weisheit in die richtige Richtung führt.

Dieser von Platon entworfene Idealstaat ist zwar hierarchisch in drei Stände, man kann auch sagen, in drei Klassen unterteilt, doch gibt es durchaus Aufstiegsmöglichkeiten. Alle Menschen haben nämlich in Platons Idealstaat dieselben Chancen Philosophenkönige zu werden. Den Kindern werden unabhängig von der Herkunft und dem Einkommen der Eltern die gleichen Bildungschancen eingeräumt. Erst nach einer gemeinsamen intensiven Ausbildung in Gymnastik, Musik, Mathematik und Dialektik werden unter den Zwanzigjährigen in einer strengen und unparteiischen Prüfung die Besten ermittelt und von den anderen getrennt. Nach weiteren zehn Jahren wird erneut geprüft und die noch Verbleibenden einer speziellen intellektuellen Schulung in Philosophie unterzogen. Auch in Musik, Kunst und Literatur werden sie unterwiesen, wobei Platon erstaunlicherweise Hesiod und einige Teile von Homers Sagen für ungeeignet hielt, da sie die Willenskraft schwächten. Als Fünfunddreißigjährige schließlich müssen sie sich noch einmal fünfzehn Jahre in der Praxis bewähren und als Wächter im Kampf Erfahrungen sammeln, bevor wiederum die besten von ihnen als Philosophenkönige in die leitenden Ämter berufen würden.

Dabei spielt das Geschlecht keine Rolle. Frauen können ebenso wie Männer als Wächter und Philosophenkönige berufen werden und den Staat behüten. Ihre geringere körperliche Kraft gleichen sie, so Platon, durch Geschicklichkeit und andere Tugenden aus:

> So haben also Mann und Weib dieselbe Natur, vermöge deren sie geschickt sind zur Staatshut [...]. [49]

Egal ob Mann oder Frau, entscheidend ist, dass jeder Bürger des Staates gemäß seinen Leistungen und Fähigkeiten ausgesucht und eingesetzt wird. Die Zuordnung zu den drei Ständen erscheint Platon insofern sinnvoll, als sich jeder einzelne dann speziell auf die ihm zukommende Weise am Wohlergehen des Staates beteiligen kann:

[...] demnach würde, dass jeder das Seinige und Gehörige hat und tut, als Gerechtigkeit anerkannt werden. [50]

Gerechtigkeit besteht also für Platon nicht darin, dass alle Bürger gleich viel verdienen oder das Gleiche machen, sondern dass jedem das Seine zukommt. In seinem Idealstaat verlangt Platon beispielsweise von den Leistungsträgern, also den Wächtern und Philosophen, weitaus mehr Einsatz und Entbehrungen als vom dritten Stand, ja sogar weit mehr, als von heutigen Politikern und Wirtschaftseliten erwartet wird. Sowohl die Wächter als auch die Philosophenkönige dürfen nämlich prinzipiell keinen materiellen Besitz haben, um erst gar nicht in die Versuchung zu kommen, ihre Machtposition zum eigenen Vorteil auszunutzen. Ihnen wird sogar streng vorgeschrieben, wie sie zu wohnen und zu leben haben:

Zuerst nämlich so, dass keiner irgend eigenes Vermögen besitze, wenn es irgend zu vermeiden ist; ferner dass keiner irgend solche Wohnung oder Vorratskammer habe, wohinein nicht jeder gehen könnte, der nur Lust hat, dass sie aber das Notwendige, dessen besonnene und tapfere Männer [...] bedürfen, in bestimmter Ordnung von den an-

deren Bürgern als Lohn für ihren Schutz in solchem Maß empfangen, dass ihnen weder etwas übrig bleibe auf das nächste Jahr noch sie auch Mangel haben, indem sie nämlich, gemeinsame Speisungen besuchend, wie im Felde Stehende zusammenleben. [51]

Die Wächter und Philosophenkönige leben also in einer Art Kommune oder Wohngemeinschaft, wobei zwischen Männern und Frauen sexuelle Freizügigkeit herrscht. Die Ehe mit einer einzigen Frau sowie ein privates Familienleben mit eigenen Kindern ist ihnen verboten, um auszuschließen, dass Väter oder

Mütter ihren Sprösslingen kraft ihrer Position im Staat Vorteile verschaffen. Platon denkt dieses Konzept in aller Konsequenz zu Ende und stellt deshalb auch so starke Gefühle wie Mutter- oder Vaterliebe hinten an. Es sei erforderlich, so Platon,

> [...] dass diese Weiber alle allen diesen Männern gemeinsam seien, keine aber irgendeinem eigentümlich beiwohne, und so auch die Kinder gemeinsam, so dass weder ein Vater sein Kind kenne, noch auch ein Kind seinen Vater. [52]

Die Kinder werden zunächst von Ammen und dann in Wohngemeinschaften von allen Wächterinnen und Wächtern umsorgt und mit gleicher Liebe großgezogen. Da keiner weiß, ob er gerade sein eigenes Kind oder ein Fremdes vor sich hat, behandelt er es immer mit größter Sorgfalt. Um für den bestmöglichen Nachwuchs und eine gleichbleibende Bevölkerungszahl zu sorgen, empfiehlt Platon sogar eine bewusste Geburtenkontrolle und die Selektion der „Trefflichsten". Hierzu sollen die Philosophenkönige Feste und Massenhochzeiten zur Anbahnung der Zeugung veranstalten:

> Nach dem Eingestandenen sollte jeder Trefflichste der Trefflichsten am meisten beiwohnen, die Schlechtesten aber den ebensolchen umgekehrt; und die Sprösslinge jener soll-

> ten aufgezogen werden, dieser aber nicht, wenn uns die Herde recht edel bleiben soll; Und dies alles muss völlig unbekannt bleiben, außer den Oberen selbst, wenn die Gesamtheit der Hüter soviel möglich durch keine Zwietracht gestört werden soll. [53]

Diese eugenischen Maßnahmen klingen für unsere Ohren noch befremdlicher als Platons Verbot von Eigentum, Haus und Familienleben für die Wächter und Philosophen. Worauf es Platon bei seinen radikalen Maßnahmen aber letztlich ankam, war die Ver-

einigung von Macht und Weisheit. Er wollte unter allen Umständen sicherstellen, dass die Wächter und
Philosophen ein Leben lang unbestechlich bleiben
und sich einzig und allein dem Allgemeinwohl widmen. Indem sie weder Familie noch Haus und Geld
haben, stellen sie ihre ganze Kraft in den Dienst des
Volkes und der Verwirklichung der Idee des Guten.

In seinem Alterswerk „Nomoi", auf Deutsch „Die
Gesetze", nimmt Platon einen Teil seiner radikalen
Forderungen aus der Politeia wieder zurück. Es geht
ihm nun nicht mehr so sehr um die theoretische Forderung nach einem idealen Staatsgebilde, als um die
pragmatische Verbesserung real bestehender Staa-
ten. Hierfür betont er nicht mehr so sehr die Rolle
der Philosophenkönige, als vielmehr die Notwendig-
keit von guten Gesetzen und guten Institutionen.

# Was nützt uns Platons Entdeckung heute?

## Der Idealstaat –
## Vision oder Alptraum?

Als erstes muss man feststellen, dass Platons Vision von einem idealen Staat aus heutiger Sicht eher unattraktiv, wenn nicht sogar abstoßend wirkt. Wer von uns möchte schon gerne in einem Ständestaat leben, in dem die freie Entfaltung dermaßen eingeschränkt ist? Die führenden Stände der Wächter und Philosophen müssen in Platons Idealstaat die Trennung von ihren Kindern und den Verzicht auf jede Privatsphäre hinnehmen. Zudem müssen sie sich fast ihr ganzes Leben lang strengen Auswahlprüfungen unterziehen. Der niedrige Stand der Bauern, Handwerker und Gewerbetreibenden ist zwar weniger eingeschränkt, wird dafür aber politisch total entmündigt. Er hat kein Wahlrecht und ist von den Staatsgeschäften komplett ausgeschlossen.

Vor allem die von Platon angedachten eugenischen Maßnahmen zur Optimierung des Wächterstandes erregen nach den Erfahrungen des Rassismus und Nationalsozialismus zu Recht unser tiefstes Misstrauen und verwandeln Platons Utopie aus heutiger Sicht auf den ersten Blick in einen Alptraum.

Platons Konzept einer Aristokratie des Geistes wurde deshalb auch von verschiedenen Seiten massiv kritisiert. Der Philosoph Karl Popper beispielsweise bezeichnete Platon sogar als geistigen Wegbereiter des Totalitarismus. In seinem Werk „Die offene Gesellschaft und ihre Feinde" wirft Popper Platon vor, mit der Ideenlehre und seinem Konzept vom Idealstaat einen totalitären Herrschaftsanspruch begründet zu haben. So würde Platon die absolute Macht der Philosophenkönige letztlich mit deren privilegiertem Zugang zur Idee des Guten legitimieren. Da nur die Philosophenkönige durch ihre Ausbildung und ihr Talent in der Lage seien, die Idee des Guten und damit die Wahrheit zu erkennen, hätten sie das natürliche Recht und die Pflicht, alle anderen Bürger zu regieren und für deren Glück zu sorgen. Diesen Anspruch aber, allein im Besitz der Wahrheit zu sein und daher keine demokratische Legitimation zu benötigen, bezeichnet Popper als Anmaßung, als Ideologie und falsches Bewusstsein.

Der Philosoph Bertrand Russel hat übereinstimmend mit Poppers Totalitarismusvorwurf zu zeigen versucht, dass sowohl der Klerus, also die kirchlichen Amts- und Würdenträger im Mittelalter, als auch die nationalsozialistischen und kommunistischen Parteieliten der Neuzeit hinsichtlich der Legitimation ihrer Herrschaft in der totalitären Tradition von Platon stehen.

Die mächtigen Würdenträger des katholischen Klerus bezogen beispielsweise ihre Autorität, genau wie Platons Philosophenkönige, nur aus der Nähe zu Gott, dem sie ihr Leben widmen sowie aus ihrer langjährigen Ausbildung in Bibelkunde und lateinischer Sprache. Wie die Wächter und Philosophen der „Politeia" hätten die mächtigen Kleriker das Bildungsmonopol gehabt und ohne Familien in abgeschlossenen Gemeinschaften gelebt. Und genau wie Platons Wächterstand sei der Klerus ohne demokratische Wahlen zu Macht und Würden gekommen. Aber auch diktatorische Parteieliten, die sich mit Sätzen wie „die Partei hat immer Recht" auf marxistische, rassistische oder nationalistische Wahrheiten berufen haben, stünden in der direkten Nachfolge von Platons Denken. Genau wie die Philosophenkönige würden sie ihre Herrschaft damit rechtfertigen, dass sie eine höhere Gesinnung und einen direkteren Zugang zur Wahrheit besäßen.

Nach Popper besteht das Wesen der offenen Gesellschaft aber gerade darin, dass jedes Mitglied seine eigene Wahrheit einbringen kann. Dabei müsse jeder, egal ob einfacher Bürger oder führender Politiker, einräumen, dass er sich auch geirrt haben könnte und seine Wahrheit gegebenenfalls korrigiert werden müsste. Auch wissenschaftliche Wahrheiten darf man niemals verabsolutieren. Sobald eine Theorie falsifiziert wird, also ein Gegenbeispiel oder ein Fehler gefunden wird, muss man sie verändern oder durch eine zutreffendere Theorie ersetzen. Denn jede Theorie ist notwendig fehlerhaft. Diese Fehlbarkeit allen Wissens müsse prinzipiell anerkannt werden. Platon hätte dagegen mit seiner Konzeption von der Unfehlbarkeit der Philosophenkönige einen totalitären Staat entworfen, der keine Basis und keinen Raum für Kritik lasse.

Interessant ist, dass sich Popper mit seiner Forderung nach Falsifizierbarkeit sogar auf den frühen Sokrates beruft, wie er von Platon noch in der „Apologie" dargestellt wurde. Diese frühe Darstellung, so behauptet Popper, entspreche der wirklichen historischen Gestalt des Sokrates. Dieser Sokrates sei wie er selbst ein Falsifikationist gewesen. Selbstkritisch hätte Sokrates stets seine Grenzen gekannt und akzeptiert, dass es keine zeitlos verbindliche Wahrheit geben könne.

Diesem ursprünglich Sokratischen Gedanken zufolge könne man auch Politik nur nach dem Prinzip von

Versuch und Irrtum betreiben und nicht mit dem Anspruch der Philosophenkönige auf absolutes Wissen. Platon hätte die Haltung des wirklichen Sokrates in der Apologie noch richtig wiedergegeben, später aber verraten und durch seine eigene Ideenlehre und dem Streben nach dem Guten ersetzt.

Die neuere Forschung bezweifelt, dass es tatsächlich einen solch radikalen Bruch zwischen dem frühen Sokrates und dem Sokrates der Ideenlehre gibt. Zwar hat Sokrates in den frühen Dialogen noch nicht den Aufstieg der Seele zur Idee des Guten und zum Göttlichen gefordert, sehr wohl aber vorausgesetzt, dass es eine absolute Wahrheit gibt. Nur deshalb konnte er alle Meinungen der Sophisten als Verirrungen kritisieren. Auch war der Ausgangspunkt des Sokrates keinesfalls, wie Popper argumentiert, ein absolutes Nichtwissen, sondern die Anwendung der dialektischen Frage- und Antwortmethode mit dem Ziel, zum Wesen einer Sache und damit zur Wahrheit selbst vorzudringen.

Auch der Totalitarismusvorwurf erscheint aus mehreren Gründen fragwürdig. Erstens war Platons Entwurf eines Idealstaates immer von dem Ziel geleitet, Gerechtigkeit für alle Bürger zu gewährleisten. Totalitäre Gleichschaltung und Manipulation in Massenorganisationen sind in Platons Staat nicht vorgesehen. Der Bauern- und Handwerkerstand kann sich familiär, privat und wirtschaftlich völlig frei entfalten.

Auch die zweifellos autoritären Regeln und Prüfungen für den Wächter- und Philosophenstand dienen nur dem Ziel, anstelle von Tyrannen ideale Politiker für die hohen Staatsämter zu gewinnen. Dank der sittlichen Erziehung und aufgrund ihres Eigentumsverzichts sollten sie das Gemeinwohl über ihr persönliches Wohl stellen.

Drittens bleiben Platons Philosophenkönige aufgrund ihrer langjährigen philosophischen Erziehung immer der Idee des Guten und der Gerechtigkeit verpflichtet, was Terrorherrschaft und Völkermord ausschließt. Auch wenn das Gute in Platons Dialogen zu wenig konkretisiert wird, um es einer rationalen Analyse zu unterziehen, bleibt das Gute, wie es in den Gleichnissen aufleuchtet, mit nationalistischen, rassistischen, chauvinistischen oder sonstigen ideologischen Zielen unvereinbar. Letztlich hat gerade Platon die Tyrannei und die Oligarchie immer wieder als Willkürherrschaft kritisiert.

Vor allem aber muss man sich bei der Bewertung von Platons Idealstaat vor Augen halten, dass die „Politeia" vor zweitausendfünfhundert Jahren geschrieben wurde und es daher eher verwunderlich wäre, wenn Platons Staatskonzept bereits unserem Demokratieverständnis entsprechen würde. Die historische Leistung Platons ist darin zu sehen, dass er als erster Mensch überhaupt ein theoretisches Staatsmodell und damit eine Denkfigur in die Welt gesetzt hat, die eine kritische Auseinandersetzung mit den jeweils bestehenden Regierungen ermöglicht hat.

Herrschaft wurde von Platon erstmals nicht mehr, wie Jahrtausende zuvor, als etwas Selbstverständliches und Fragloses angesehen, sondern als etwas von Menschen Geschaffenes, das begründet werden musste.

Platon rechtfertigt die Legitimität der Herrschaft der Philosophenkönige mit deren langjähriger körperlicher und sittlicher Ausbildung sowie mit den erbrachten Prüfungsleistungen. Zwar fehlt bei Platon noch völlig die Forderung nach politischer Freiheit und Selbstbestimmung aller Bürger, doch hat er mit seinem Idealstaat ein für alle Mal die Rechtfertigungspflicht von Herrschaft eingeführt.

Platon wusste sehr wohl, welche Kraft von einem solchen theoretischen Modell ausgehen könnte, auch wenn er sich bewusst war, dass es den von ihm geforderten Staat wohl nie geben würde:

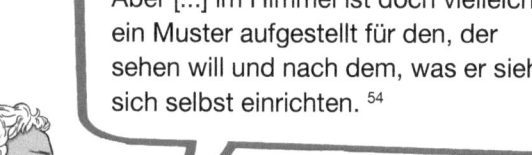

Aber [...] im Himmel ist doch vielleicht ein Muster aufgestellt für den, der sehen will und nach dem, was er sieht, sich selbst einrichten. [54]

Egal ob in der Utopia von Thomas Morus, im Staatsvertrag von Thomas Hobbes, im Contrat Social von Jean Jacques Rousseau oder in der verschleierten Abstimmung von John Rawls, immer wieder dachten Philosophen in der Nachfolge von Platon darüber nach, wie ein idealer und gerechter Staat aussehen könnte und kritisierten damit gleichzeitig die bestehenden Regierungen. Auch wenn sich die Antworten in den letzten zweitausendfünfhundert Jahren verändert haben und heutzutage anstelle der Philosophenherrschaft die Volksherrschaft steht, bleibt Platon doch der Urvater der Legitimationspflicht von Herrschaft.

# Platon –
## der Vordenker des Abendlandes

Aber nicht nur die Politische Wissenschaft nahm ihren Ausgangspunkt bei Platon. Er gilt auch als Vordenker des Christentums und hat somit die gesamte abendländische Geschichte geprägt. Platon ist bis heute der meist zitierte Philosoph der Welt. Der britische Philosoph und Mathematiker Alfred Noth Whitehead hat sich sogar zu der Äußerung hinreißen lassen, die ganze abendländische Philosophie würde nur aus einer Reihe von Fußnoten zu Platon bestehen. [55]

Tatsächlich hat die christliche Religion viel von seinem Werk übernommen und wurde über die Jahrhunderte hinweg von ihm inspiriert. Dies gilt ebenso für die Ideenlehre wie für die Figur des Sokrates. Vergleicht man nämlich das Schicksal von Sokrates und Jesus, erkennt man bereits auf den ersten Blick viele Übereinstimmungen. Beide glaubten an die Unsterblichkeit der Seele, beide wurden von weltlichen Institutionen angeklagt, beide sind nicht geflohen, sondern für ihre Überzeugung in den Tod gegangen. Durch ihre aufrechte und konsequente Haltung legten sie ein unmissverständliches Zeugnis dafür ab, dass die Öffnung für das Göttliche bedeutender ist als das irdische Leben.

Der Glaube des Sokrates an die Unsterblichkeit der Seele und an das Gute, das allem irdischen Leben zu Grunde liegt und diesem erst seine Bestimmung gibt, wurde auch zur Grundlage des Christentums. Für Sokrates wie für Jesus ist alles Materielle, mag es auch noch so schön und reizvoll sein, nur von vergänglichem Wert. Letztlich geht es im Leben um die Öffnung der Seele für das Ewige und Göttliche. Das irdische Leben ist bei Platon genau wie im Christentum nur eine Art Prüfung. Wir müssen uns bewähren, indem wir unsere Seele dem Guten zuwenden und uns von materiellen Leidenschaften wie Neid, Hass, Missgunst, Eitelkeit und Habgier frei machen. Sokrates wie Jesus waren entschiedene Gegner des Materialismus. Es ging ihnen primär um innere Werte. Dafür steht auch das kleine Gebet des Sokrates am Ende des Dialoges Phaidros:

Oh lieber Pan und ihr Götter, die ihr sonst hier zugegen seid, verleihet mir, schön zu werden im Inneren, und dass, was ich Äußeres habe, dem Inneren befreundet sei. [56]

Auch Platon, obgleich Sohn einer Athener Patrizier-familie, lebte stets sehr bescheiden. In der von ihm gegründeten Akademie unterrichtete er seine Schüler kostenlos. Platons Leben und seine Philosophie sind bis heute ein Aufruf zu einem maßvollen Leben.

Auch wenn er zweifellos ein Vordenker einer christ-lichen Philosophie war, gibt es natürlich auch gravie-rende Unterschiede zur christlichen Lehre. Jesus gilt im Christentum als Sohn Gottes und somit als des-sen Verkörperung auf Erden. Er konnte sogar Wun-der bewirken. Sokrates hingegen war nur Philosoph. Zwar hat auch Sokrates seine Seele dem Göttlichen und den ewigen Ideen zugewandt, er blieb aber doch immer ein Mensch. Ihm ging es um Erkenntnis, nicht um Glaube.

Ein weiterer Unterschied zum Christentum besteht darin, dass es bei Platon kein radikal Böses gibt. Der Mensch kann zwar als Weiser oder als Tor die Höher-bildung der Seele verwirklichen oder verfehlen, aber er steht nicht wie später im Christentum im Span-nungsfeld zwischen Gut und Böse, zwischen Gott und Teufel. Einen abgefallenen Erzengel, Luzifer, Mephisto, Satan oder sonstige eigenständige Pole des Bösen gibt es bei Platon noch nicht. Alles wird vom Licht des Guten erhellt, auch wenn wir es nicht immer erkennen. Deshalb tritt bei Platon anstelle der Schuld eine Verschlossenheit der Seele, also ein Mangel an Bildung, der in einem zweiten Leben in der Reinkarnation behoben werden kann. Die Schüler Platons, die sogenannten Platoniker, grenzten daher die Ideenlehre klar vom christlichen Glauben ab.

Platon war durch und durch Idealist. Seine wenigen Versuche, in das materielle Leben einzutauchen und etwas in der Realität zu verändern, sind grandios gescheitert. So hat er einmal auf Einladung des Tyrannen von Syrakus versucht, als dessen Berater seine Vorstellungen vom Idealstaat umzusetzen. Sein Freund Dion hatte ihn mit Dionysos dem Älteren bekannt gemacht und ihm diese Chance verschafft. Doch nach kürzester Zeit überwarf sich Platon mit dem uneinsichtigen Tyrannen, fiel in Ungnade und wurde von diesem, wenn man den zeitgenössischen Überlieferungen glauben darf, sogar auf dem Sklavenmarkt verkauft. Dabei hatte Platon das Glück, dass ihn ein Freund wieder freikaufte und er so unversehrt nach Athen zurückkehren konnte. Wenn wir also danach fragen, was Platons Werk uns heutzutage nützen kann, dann sind es nicht seine politischen Taten und auch nicht sein Modell des Idealstaates, sondern seine unermüdliche Ermutigung, die Seele weiter zu entwickeln und höher zu bilden.

# Wir alle sind Gefangene – der Aufstieg zum Guten, Wahren und Schönen

Wer seine Seele für die Idee des Guten, Wahren und Schönen öffnet, wird nach Platon eine vollkommene Harmonie und innere Glückseligkeit erreichen. Allerdings ist dies nicht so einfach. Immer wieder betont Platon, dass wir für die Harmonie der Seele dauerhaft an uns arbeiten müssen. Modern formuliert, empfiehlt er uns die Bereitschaft zum lebenslangen Lernen. Allerdings meint er damit nicht berufliche Qualifizierung, sondern die Bildung der Erkenntnisfähigkeit und die Bereitschaft, wahrhaftig zu sein. Wir müssen lernen, mit dem inneren Auge zu sehen. Nur wenn wir uns wie im Höhlengleichnis öffnen für das Licht der Sonne und die Erkenntnis des Guten, können wir zur Wahrheit aufsteigen. Was bedeutet das aber nun konkret?

Platon würde uns raten, wenigstens von Zeit zu Zeit der Hektik des modernen Lebens abzuschwören und uns ein paar wesentliche Fragen zu stellen. Stehen wir noch auf dem Boden der Wahrheit oder ist unser Leben in einzelnen Bereichen unaufrichtig? Wenn ja – warum? Sind unsere Beziehungen echt oder bereits durch Betrug, Teilnahmslosigkeit oder Vertrauensverlust eingetrübt? Gehen wir in den Alltagsverpflichtungen und den Reizen der kapitalistischen Welt unter oder gelingt es uns noch, den Blick auf das Wesentliche zu richten? Sind wir bereits Internet- und TV-Junkies, die anstelle der wahren Welt in medialen Schattierungen und Projektionen gefangen sind? Oder mit Platons eigenem provokativen Bild gefragt: Sind wir noch frei oder leben wir das Dasein einer Ente und verlieren uns in kurzweiligen Genüssen?

Letztlich gipfeln all diese Gedanken in der einfachen Frage: Ist unser Leben gut? Wahrscheinlich wird kein einziger Mensch diese Frage mit einem uneingeschränkten „Ja" beantworten können. Dennoch macht es Sinn, sich diese Frage zu stellen. Dabei ist es wichtig, die Wahrheit zuzulassen, auch wenn dies, wie Platon immer wieder betont, unangenehm sein kann. Ähnlich wie der Gefangene im Höhlengleichnis sich nur mühsam von seinen Fesseln befreit, nach oben steigt und dabei von immer hellerem Licht geblendet wird, ist es schmerzlich, sich einzugestehen, dass man für kurze oder längere Zeit einem Trugbild verfallen ist und die vertraute Welt wieder verlassen muss. Jede grundlegende Veränderung macht Angst, sei es eine berufliche Neuorientierung, eine Trennung von einem Lebenspartner oder auch ein komplett neuer Lebensentwurf jenseits materialistischer Sicherheit.

Platon ermutigt uns aber, unsere Seelen für die Wahrheit zu öffnen und den Blick auf das Wesentliche zu richten. Denn eines steht fest: In gewisser Hinsicht sind wir alle Gefangene, Geblendete einer Scheinwelt. Wenn man beispielsweise in einer unauthentischen Welt lebt oder in einer unaufrichtigen Beziehung, verwandelt sich vieles, was früher von Schönheit war, in Hässlichkeit. So sehr man auch versucht ist, Ungereimtheiten zu überspielen und mit dem Verstand zu rechtfertigen, das innere Gefühl oder die Seele, wie Platon sagt, kann man nicht betrügen. Umgekehrt empfindet man vieles wieder klarer und schöner, wenn man aus seiner eigenen Mitte heraus lebt. Nur wer wahrhaftig handelt, wird ein erfülltes Leben haben:

So wäre denn die Tugend, wie es scheint, eine Gesundheit und Schönheit und ein Wohlbefinden der Seele, die Schlechtigkeit aber Krankheit, Hässlichkeit und Schwäche. [57]

Die Seele verlangt ein Leben lang nach Harmonie.
Diese stellt sich aber nur ein, wenn man sich um das
Gute, Wahre und Schöne bemüht. Wenn wir uns dies
vor Augen führen, hat Platons Höhlengleichnis bis
heute nichts von seiner ursprünglichen Kraft verloren.

Um seinen Kerngedanken aus dem Höhlen- und
Sonnengleichnis fruchtbar zu machen, müssen wir
uns selbst auf den Weg machen und den Aufstieg
suchen – den Aufstieg zum Guten und zum Licht.
Doch an dieser Stelle gilt es, eine letzte und entscheidende Frage zu beantworten: Was ist eigentlich
das Gute?

# Der Stachel der letzten Erkenntnis

Platon geht es nämlich um mehr als nur um die Befreiung des einzelnen Menschen aus seiner Selbstvergessenheit und Gefangenschaft in Scheinwelten. Bei der Suche nach Glück und seelischer Harmonie muss der Mensch über die Wahrhaftigkeit gegenüber sich selbst und anderen hinaus noch einen letzten Schritt machen – den Schritt zur umfassenden Erkenntnis. Es gilt, die Seele zu öffnen für die Teilhabe an der allerhöchsten Idee, der Idee des Guten. Die Idee des Guten in seiner ganzen Schönheit und Ausprägung zu erblicken, ist für Platon nichts anderes, als die göttliche Energie zu spüren, die allem, was uns auf der Welt begegnet, ihren Sinn verleiht. In seinem Werk „Nomoi" formuliert Platon deshalb die Forderung, das Göttliche möge der Maßstab all unserer Bestrebungen und Taten sein:

Der Gott aber möchte uns wohl [...] das Maß aller Dinge sein [...]. [58]

Damit widerspricht er ebenso den Sophisten, die den Menschen zum Maß aller Dinge erhoben haben, wie der weit verbreiteten modernen Idee der persönlichen Selbstverwirklichung. Die Idee des Guten ist nach Platon die eigentliche und ursprüngliche göttliche Kraft, in deren Licht alles erstrahlt und die uns als einzige die Gewissheit verschafft, was gerecht, wahr und schön ist.

Zweifellos hat Platons Philosophie einen stark spirituellen Kern. Immer wieder bezieht er mythologische und religiöse Motive wie die Seelenwanderung in sein Denken ein. Vielleicht blieb gerade deshalb seine Botschaft von der Unsterblichkeit und der Suche nach dem Guten von der Antike über das christliche Mittelalter bis hin zu den postmodernen spirituellen Weltentwürfen lebendig. Dabei hat der innerste Kern seiner Lehre nach wie vor etwas Geheimnisvolles. Die alles überstrahlende Idee des Guten oder auch das, was Platon das Göttliche nennt, hat er nur in Gleichnissen beschrieben und in keinem seiner Dialoge wirklich aufgeschlüsselt. Denn dies, so Platon, sei unmöglich. Die Wörter und die Sprache reichen einfach nicht aus, wenn das Göttliche und das Gute selbst zu Gegenständen des Wissens werden sollen:

Von mir selbst wenigstens gibt es keine Schrift über diese Gegenstände, noch dürfte eine erscheinen; lässt es sich doch in keiner Weise, wie andere Kenntnisse in

Worte fassen, sondern [nur], indem es vermöge der langen Beschäftigung mit dem Gegenstande und dem Sichhineinleben, wie ein durch einen abspringenden Feuerfunken plötzlich entzündetes Licht in der Seele sich erzeugt und dann durch sich selbst Nahrung erhält. [59]

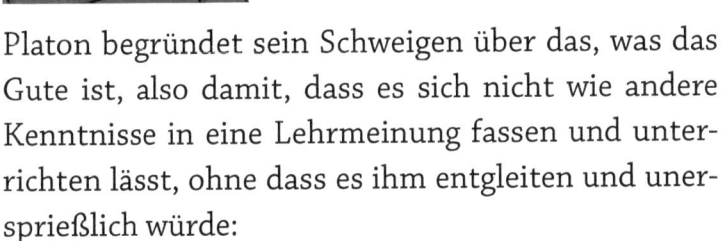

Platon begründet sein Schweigen über das, was das Gute ist, also damit, dass es sich nicht wie andere Kenntnisse in eine Lehrmeinung fassen und unterrichten lässt, ohne dass es ihm entgleiten und unersprießlich würde:

> Ergäbe es sich mir aber, dass es sich in einer der Mehrzahl verständlichen Weise nieder-schreiben und aussprechen ließe, was könnte dann von uns im Leben Schöneres gesche-hen, als [...] das Wesen der Dinge für alle ans Licht zu ziehen? Nun aber halte ich das, was sich für einen Versuch hierüber ausgibt, für nichts für den Menschen Erspießliches [...]. [60]

Da Platon das Gute somit nie definiert hat, bleiben wir auf eine Ahnung und auf eigene spirituelle Erfah-rungen angewiesen. Das Wissen um das Gute ent-steht letztlich nur, wie er sagt, durch die anhaltende Beschäftigung mit ihm, durch das „Sichhineinleben" und „durch ein plötzlich entzündetes Licht in der Seele", das, wenn es einmal entflammt ist, sich selbst speist und nährt. Religiös und spirituell orientier-te Menschen verstehen intuitiv, was Platon meint, wenn er uns ermutigt, den Weg zum Licht zu gehen und die Wahrheit zu unserer seelischen Nahrung zu machen.

Aber auch für rational denkende Menschen ist Pla-tons Vermächtnis eine Bereicherung. Denn der innere Zusammenhang zwischen dem Guten, Wahren und Schönen ist für alle Menschen nachvollziehbar. Was gut und wahr ist, hat immer auch eine innere Schönheit. Was gelogen, verletzend und niederträchtig ist, erscheint hässlich und abstoßend. Man muss also nicht an die Unsterblichkeit der Seele glauben, um zu spüren, dass Platon mit der Verwirklichung der Idee des Guten, Wahren und Schönen etwas Ungeheuerliches in die Welt gesetzt hat. Sein Appell ist ein beständiger Stachel im Fleisch der Bequemlichkeit und des Vergessens. Auch wenn Platon die Ideen des Guten, Wahren und Schönen an keiner einzigen Stelle mit überprüfbaren Kriterien versehen hat und sich die Ideen jeder rationalen Analyse entziehen, spürt man doch, dass allein von der Vorstellung dieser Begriffe eine enorme Kraft ausgeht. Mit ganzer Seele an ihrer Entfaltung teilzuhaben, ist das, was uns Platon nach all den Jahrhunderten nahe legt:

Nach dem Guten also strebt jede Seele, und um seinetwillen tut sie alles. Denn sie ahnt, dass da etwas Großes ist [...] [61]

# Zitatverzeichnis:

Alle Platonzitate (außer Zitat 61) aus Platon, Sämtliche Werke, in der Übersetzung von Friedrich Schleiermacher mit der Stephanus-Nummerierung, hrsg. von Walter F. Otto, Ernesto Grassi, Gert Plamböck, Rowohlt Taschenbuch Verlag, Hamburg

1    Zitat Platon, Politeia, S. 193, Stephanus-Nr. 473 c, d, in: Platon, Sämtliche Werke, Band 3, S. 67 – 310, in der Übersetzung von Friedrich Schleiermacher mit der Stephanus-Nummerierung, hrsg. von Walter F. Otto, Ernesto Grassi, Gert Plamböck, Rowohlt Taschenbuch Verlag, Hamburg 1958, im Folgenden zitiert als ‚Politeia'

2    Zitat Platon, Apologie, S. 13, Stephanus-Nr 21 d, in: Platon, Sämtliche Werke, Band 1, S. 1 – 31, in der Übersetzung von Friedrich Schleiermacher mit der Stephanus-Nummerierung, hrsg. von Walter F. Otto, Ernesto Grassi, Gert Plamböck, Rowohlt Taschenbuch Verlag, Hamburg 1957, im Folgenden zitiert als ‚Apologie'

3    Zitat Politeia, S. 239, Stephanus-Nr. 533 d

4    Zitat Politeia, S. 220 f., Stephanus-Nr. 508 d

5    Zitat Politeia, S. 217, Stephanus-Nr. 505 a

6    Zitat Platon, Gorgias, S. 225, Stephanus-Nr. 470 e, in: Platon, Sämtliche Werke, Band 1, S. 197 – 283, in der Übersetzung von Friedrich Schleiermacher mit der Stephanus-Nummerierung, hrsg. von Walter F. Otto, Ernesto Grassi, Gert Plamböck, Rowohlt Taschenbuch Verlag, Hamburg 1985, im Folgenden zitiert als ‚Gorgias'

7    Vgl. Politeia, S. 224, Stephanus-Nr. 515 d

8    Zitat Platon, Phaidros, S. 27, Stephanus-Nr. 246 b, in: Platon, Sämtliche Werke, Band 4, S. 7 – 60, in der Übersetzung von Friedrich Schleiermacher mit der Stephanus-Nummerierung, hrsg. von Walter F. Otto, Ernesto Grassi, Gert Plamböck, Rowohlt Taschenbuch Verlag, Hamburg 1981, im Folgenden zitiert als ‚Phaidros'

9   Zitat Platon, Phaidon, S. 17, Stephanus-Nr. 64 d, in: Platon, Sämtliche Werke, Band 3, S. 7 – 66, in der Übersetzung von Friedrich Schleiermacher mit der Stephanus-Nummerierung, hrsg. von Walter F. Otto, Ernesto Grassi, Gert Plamböck, Rowohlt Taschenbuch Verlag, Hamburg 1985, im Folgenden zitiert als ‚Phaidon'

10   Zitat Phaidon, S. 17, Stephanus-Nr. 64 e

11   Zitat Phaidros S. 36, Stephanus-Nr. 256 a, b

12   Zitat Platon, Symposion, S. 211, Stephanus-Nr. 178 c, d, in: Platon, Sämtliche Werke, Band 2, S. 203 – 250, in der Übersetzung von Friedrich Schleiermacher mit der Stephanus-Nummerierung, hrsg. von Walter F. Otto, Ernesto Grassi, Gert Plamböck, Rowohlt Taschenbuch Verlag, Hamburg 1984, im Folgenden zitiert als ‚Symposion'

13   Zitat Symposion, S. 211, Stephanus-Nr. 178 d, e

14   Zitat Symposion, S. 237, Stephanus-Nr. 208 e

15   Zitat Symposion, S.237, Stephanus-Nr. 209 a

16   Zitat Symposion, S. 239, Stephanus-Nr. 210 e

17   Zitat Symposion, S. 239, Stephanus-Nr. 211c

18   Zitat Politeia, S. 218, Stephanus-Nr. 505 b

19   Zitat Gorgias, S. 249, Stephanus-Nr. 494 b

20   Zitat Symposion, S. 234, Stephanus-Nr. 205 d

21   Zitat Politeia, S. 222, Stephanus-Nr. 510 e

22   Zitat Symposion, S. 239, Stephanus-Nr. 211 b

23   Zitat Phaidon, S. 50, Stephanus-Nr. 100 d

24   Zitat Phaidon, S. 27, Stephanus-Nr. 75 b, c

25   Zitat Platon, Menon, S. 27, Stephanus-Nr. 86 a, in: Platon, Sämtliche Werke, Band 2, S. 8 – 42, in der Übersetzung von Friedrich Schleiermacher mit der Stephanus-Nummerierung, hrsg. von Walter F. Otto, Ernesto Grassi, Gert Plamböck, Rowohlt Taschenbuch Verlag, Hamburg 1984, im Folgenden zitiert als ‚Menon'

26   Zitat Menon, S. 21 f., Stephanus-Nr. 81 c, d

27   Zitat Phaidon, S. 32 f., Stephanus-Nr. 81 b, c

28   Zitat Phaidon, S. 33, Stepanus-Nr. 81 d

29   Zitat Phaidon, S. 33, Stephanus-Nr. 82 a

30   Zitat Phaidon, S. 16, Stephanus-Nr. 63 c

31   Zitat Phaidon, S.17, Stephanus-Nr. 64 a

32   Zitat Phaidon, S. 34, Stephanus-Nr. 82 e

33   Vgl. Gorgias, S. 248, Stephanus-Nr. 493 a

34  Zitat Phaidros, S. 27, Stephanus-Nr. 245 c, e
35  Zitat Politeia, S. 220, Stephanus-Nr. 508c, d
36  Zitat Politeia, S. 220 f., Stephanus-Nr. 508 d
37  Zitat Politeia, S. 221, Stephanus-Nr. 509 b
38  Zitat Politeia, S. 221, Stephanus-Nr. 508 e
39  Zitat Politeia, S. 224, Stephanus-Nr. 514 a, b
40  Zitat Politeia, S. 224, Stephanus-Nr. 515 b, c
41  Zitat Politeia, S. 225, Stepnanus-Nr. 516 b, c
42  Zitat Politeia, S. 225 f., Stephanus-Nr. 517 a
43  Zitat Politeia, S. 193, Stephanus-Nr. 473 c, d, e
44  Zitat Politeia, S. 195, Stephanus-Nr. 476 b, 480 a
45  Zitat Politeia, S. 264, Stephanus-Nr. 565 c
46  Zitat Politeia, S. 264 f., Stephanus-Nr. 565 e
47  Zitat Politeia, S. 263, Stephanus-Nr. 564 a
48  Zitat Politeia, S. 226, Stephanus-Nr. 517 b, c
49  Zitat Politeia, S. 178, Stephanus-Nr. 456 a
50  Zitat Politeia, S. 160, Stephanus-Nr. 433 e
51  Zitat Politeia, S. 146, Stephanus-Nr. 416 d, e
52  Zitat Politeia, S. 179, Stephanus-Nr. 457 d
53  Zitat Politeia, S. 181, Stephanus-Nr. 459 d,e
54  Zitat Politeia, S. 287, Stephanus-Nr. 592 b
55  Vgl. Alfred Noth Whitehead, Prozess und Realität. Entwurf einer
    Kosmologie, übersetzt von Hans Günter Holl, Suhrkamp, 2. Aufl.,
    Frankfurt 1987, Teil II, Kapitel 1, Abschnitt 1, S. 91
56  Zitat Phaidros, S. 60, Stephanus-Nr. 279 b, c
57  Zitat Politeia, S. 170, Stephanus-Nr. 444 e
58  Zitat Nomoi, S. 97, Stephanus-Nr. 716 c, in: Platon, Sämtliche Werke,
    Band 6, S. 7 – 325, in der Übersetzung von Friedrich Schleiermacher
    mit der Stephanus-Nummerierung, hrsg. von Walter F. Otto, Ernesto
    Grassi, Gert Plamböck, Rowohlt Taschenbuch Verlag, Hamburg 1964
59  Zitat Briefe, S. 317, Stephanus-Nr. 341 c, d, in: Platon, Sämtliche
    Werke, Band 1, S. 285 – 336, in der Übersetzung von Friedrich
    Schleiermacher mit der Stephanus-Nummerierung, hrsg. von Walter
    F. Otto, Ernesto Grassi, Gert Plamböck, Rowohlt Taschenbuch Verlag,
    Hamburg 1985, im Folgenden zitiert als ‚Briefe'
60  Zitat Briefe, S. 317, Stephanus-Nr. 341 d, e

61    Zitat Politeia, Stephanus-Nr. 505 d, e, in: Platon, Staat, mit einer
Einführung von Th. A. Szlezák, dtv, Artemis, München/Zürich, 1991
Vgl. auch Politeia, S. 218, Stephanus-Nr. 505 d, e, in: Platon,
Sämtliche Werke, Band 3, S. 67 – 310, in der Übersetzung von
Friedrich Schleiermacher mit der Stephanus-Nummerierung, hrsg.
von Walter F. Otto, Ernesto Grassi, Gert Plamböck, Rowohlt
Taschenbuch Verlag, Hamburg 1958. Hier lautet die Übersetzung:
„Was also jede Seele anstrebt und um deswillen alles tut, ahnend, es
gebe so etwas..."

# In dieser Reihe erschienen:

Walther Ziegler
**Camus in 60 Minuten**
2. Auflage: Juli 2015
84 Seiten, Paperback, € 9,99
ISBN 978-3-7347-8170-4

Walther Ziegler
**Freud in 60 Minuten**
2. Auflage: Juli 2015
96 Seiten, Paperback, € 9,99
ISBN  978-3-7347-8024-0

Walther Ziegler
**Hegel in 60 Minuten**
2. Auflage: Juli 2015
128 Seiten, Paperback, € 9,99
ISBN 978-3-7347-8128-5

Walther Ziegler
**Heidegger in 60 Minuten**
2. Auflage: Juli 2015
108 Seiten, Paperback, € 9,99
ISBN 978-3-7347-8169-8

Walther Ziegler
**Kant in 60 Minuten**
2. Auflage: Juli 2015
144 Seiten, Paperback, € 9,99
ISBN 978-3-7347-8172-8

Walther Ziegler
**Marx in 60 Minuten**
2. Auflage: Juli 2015
112 Seiten, Paperback, € 9,99
ISBN 978-3-7347-8154-4

Walther Ziegler
**Platon in 60 Minuten**
2. Auflage: Juli 2015
112 Seiten, Paperback, € 9,99
ISBN 978-3-7347-8158-2

Walther Ziegler
**Rousseau in 60 Minuten**
2. Auflage: Juli 2015
112 Seiten, Paperback, € 9,99
ISBN 978-3-7347-2555-5

Walther Ziegler
**Sartre in 60 Minuten**
2. Auflage: Juli 2015
116 Seiten, Paperback, € 9,99
ISBN 978-3-7347-8156-8

Walther Ziegler
**Smith in 60 Minuten**
2. Auflage: Juli 2015
100 Seiten, Paperback, € 9,99
ISBN 978-3-7347-8157-5

# Große Denker in 60 Minuten

Sämtliche Bücher der Reihe sind auch gebunden als Hardover im gleichen Verlag erschienen.

# Demnächst in dieser Reihe:

Walther Ziegler
Adorno in 60 Minuten

Walther Ziegler
Arendt in 60 Minuten

Walther Ziegler
Bacon in 60 Minuten

Walther Ziegler
Descartes in 60 Minuten

Walther Ziegler
Foucault in 60 Minuten

Walther Ziegler
Habermas in 60 Minuten

Walther Ziegler
Hobbes in 60 Minuten

Walther Ziegler
Nietzsche in 60 Minuten

Walther Ziegler
Popper in 60 Minuten

Walther Ziegler
Rawls in 60 Minuten

Walther Ziegler
Schopenhauer in 60 Minuten

Walther Ziegler
Wittgenstein in 60 Minuten

# Der Autor:

Dr. Walther Ziegler hat Philosophie, Geschichte und Politik studiert. Als Auslandskorrespondent, Reporter und Nachrichtenchef des Fernsehsenders ProSieben produzierte er Filme auf allen Kontinenten. Seine Reportagen wurden mehrfach preisgekrönt. Seit 2007 bildet er in München junge TV-Journalisten aus und leitet die Medienakademie auf dem Gelände der Bavaria Film, eine Hochschulbildungseinrichtung für Film- und Fernsehstudiengänge. Er ist zugleich Autor zahlreicher philosophischer Bücher. Als langjährigem Journalisten gelingt es ihm, das komplexe Wissen der großen Philosophen spannend und verständlich darzustellen.